732
La conquête musulmane est arrêtée en France, à Poitiers.

800
Charlemagne, roi des Francs, est couronné empereur d'Occident. Il appartient à la dynastie des Carolingiens.

886
Venus du nord, les Vikings envahissent l'Europe. Ils remontent la Seine jusqu'à Paris.

987
Hugues Capet est élu roi des Francs. Il fonde la dynastie des Capétiens.

1066
Guillaume le Conquérant, duc de Normandie, conquiert l'Angleterre et en devient le roi.

1095-1099
Première croisade. Les chevaliers croisés veulent reconquérir Jérusalem, aux mains des musulmans.

1152
Aliénor d'Aquitaine épouse Henri d'Angleterre. Elle lui apporte un tiers du royaume de France.

1163
Début de la construction de la cathédrale Notre-Dame de Paris C'est le début de l'art gothique.

1354
Bertrand Du Guesclin est fait chevalier.

1429
Jeanne d'Arc délivre Orléans, assiégée par les Anglais. Elle fait sacrer le roi Charles VII.

À la fin du XVe siècle, de grands changements bouleversent l'Europe.

C'est la fin du Moyen Âge et le début de la Renaissance.

La collection « Images Doc »
a été conçue à partir du fonds éditorial du magazine,
en étroite collaboration avec la rédaction.
Images Doc est un magazine mensuel
édité par Bayard Jeunesse.

Illustration de couverture : Alexandre Franc.
Maquette : Arielle Cambessédès.

18, rue Barbès, 92128 Montrouge Cedex.
ISBN : 979-10-363-7259-9
Dépôt légal : septembre 2024

Loi n° 49-956 du 16 juillet 1949
sur les publications destinées à la jeunesse.
Imprimé en Slovaquie.

Pascale Bouchié • Béatrice Veillon

LE MOYEN ÂGE en BD

Du ve au xve siècle

Bayard Jeunesse

Sommaire

LES DÉBUTS DU MOYEN ÂGE

LE XIe SIÈCLE

LE XIIe SIÈCLE

LE XIIIe SIÈCLE

LA FIN DU MOYEN ÂGE

REPÈRES

Clovis, le roi des Francs

Découvre comment ce chef barbare, monté sur le trône du royaume franc en 481, est devenu le premier roi chrétien après avoir remporté une victoire…

Au cœur de la bataille.
Ô Jésus Christ, fils de Dieu, accorde-moi la victoire et je croirai en toi !
Nous sommes pris au piège !
Quand soudain...
Notre chef est touché à mort !
Un peu plus tard.
Les Alamans prennent la fuite.
Fuyons !
Hourra, victoire !
À Soissons, au palais de Clovis et de sa femme, la reine Clotilde.
Je ne croyais pas en Dieu avant cette bataille.
Alors que moi, je suis déjà une chrétienne.
Maintenant, tu dois te faire baptiser comme les chrétiens. Remi, l'évêque de Reims, va t'enseigner cette religion.
Le jour de Noël, à Reims...
C'est un grand jour pour Clovis.
Oui, il se fait baptiser le jour de la naissance de Jésus.

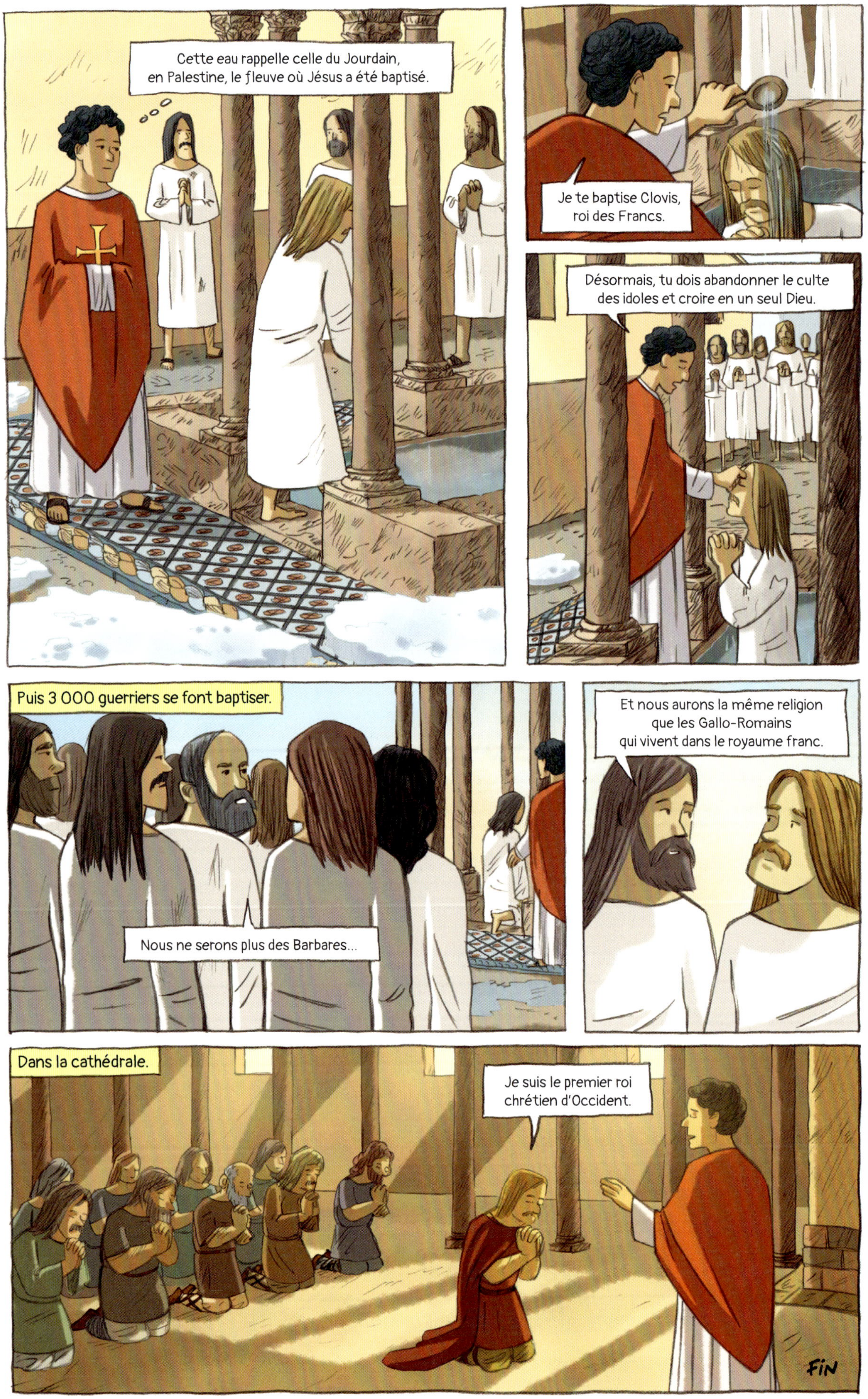
Cette eau rappelle celle du Jourdain, en Palestine, le fleuve où Jésus a été baptisé.
Je te baptise Clovis, roi des Francs.
Désormais, tu dois abandonner le culte des idoles et croire en un seul Dieu.
Puis 3 000 guerriers se font baptiser.
Nous ne serons plus des Barbares...
Et nous aurons la même religion que les Gallo-Romains qui vivent dans le royaume franc.
Dans la cathédrale.
Je suis le premier roi chrétien d'Occident.
FIN

Les Barbares dominent l'Europe

1 } La fin de l'Empire romain

Le Moyen Âge est une longue période de l'histoire qui dure mille ans. Elle succède à l'Antiquité et débute en 476. À cette date, l'Empire romain d'Occident est attaqué de toutes parts par les peuples barbares et le dernier empereur de Rome est détrôné.

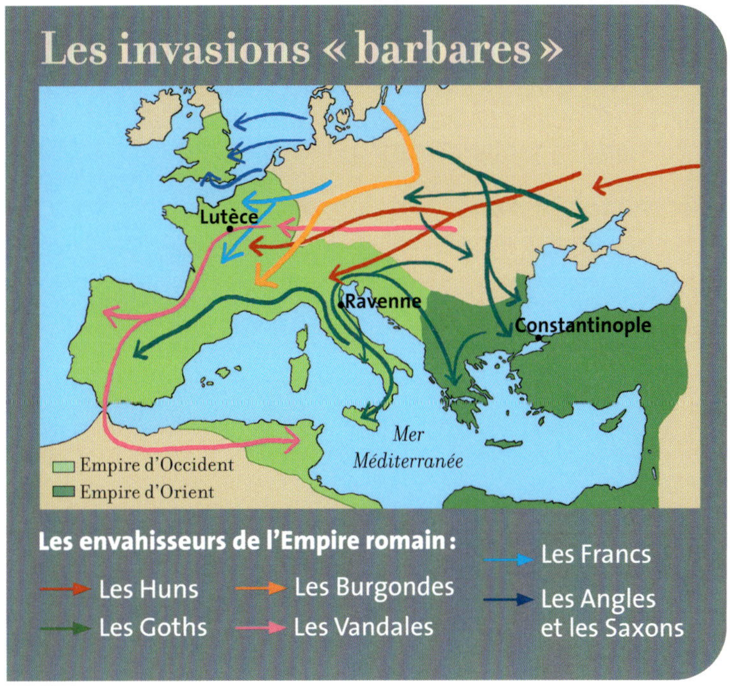

2 } Qui sont les Barbares ?

Les Romains appellent « Barbares » les peuples étrangers qui les envahissent au ve siècle. Ce sont des tribus venues d'Asie et de l'est de l'Europe. Les premiers à remporter des batailles décisives sont les Huns, dirigés par leur chef Attila.

Le Fléau de Dieu
Attila et les Huns pillent et brûlent plusieurs villes en Europe. Ils s'en prennent souvent aux religieux qui surnomment Attila le Fléau de Dieu. On dit aussi : « Là où passe Attila, l'herbe ne repousse pas ! » Pourtant Attila est un homme cultivé qui a vécu une partie de son enfance à la cour de l'empereur romain, où il a appris le latin.

3 } Des peuples nomades

Les Barbares qui bouleversent l'Empire romain vivent sous des tentes en peaux de bête. Ils vénèrent des dieux de la nature. Ils se déplacent à pied et à cheval. Leur rapidité surprend les Romains qui, eux, sont sédentaires.

4 } Le combat à cheval

Les Barbares sont de redoutables cavaliers. Ils ont mis au point le harnachement du cheval, la selle, et possèdent des armes légères : une épée courte, des arcs et des flèches faciles à utiliser quand ils sont en selle. S'ils sont tués, les guerriers sont enterrés avec leurs armes, et les chefs avec leur cheval.

5 } Les Francs conquièrent la Gaule

Venu de l'est du Rhin, le peuple franc s'installe en Belgique. Leur chef, Clovis, va conquérir presque toute la Gaule. Marié à Clotilde, une chrétienne, il promet de se convertir au Dieu de sa femme s'il remporte une victoire. Il est le premier roi barbare à se faire baptiser.

La francisque
Cette hache à deux lames était une arme que les soldats francs lançaient jusqu'à 10 ou 12 mètres.

6 } Tous chrétiens

Dans la foulée du baptême de Clovis, ses 3 000 guerriers se convertissent aussi. Grâce à sa nouvelle religion, Clovis obtient le soutien de l'Église chrétienne dans la conquête de la Gaule. Et la fusion entre les Gallo-Romains, déjà chrétiens, et les Francs va se faire plus facilement.

À la cour de Charlemagne

Au début du IXe siècle, Charles le Grand, dit Charlemagne, est à la tête d'un empire immense à l'ouest de l'Europe. Il vit à Aix-la-Chapelle, une ville aujourd'hui en Allemagne.

802, Aix-la-Chapelle. Charlemagne reçoit des visiteurs qui lui demandent protection.
Mon voisin vole mon blé. Peux-tu l'en empêcher ?
Tu as bien fait de venir.
Deux envoyés de Charlemagne lui apportent de mauvaises nouvelles de la région du Poitou.
Les orages ont détruit les récoltes.
Je vais faire envoyer des chariots de grain.
Soudain, l'empereur se lève. Une grosse surprise venue d'Orient l'attend dans une cour du palais.
Le calife de Bagdad me fait vraiment un magnifique cadeau. Cet animal est extraordinaire !
Charlemagne veut fêter dignement cet évènement. Il invite tout le monde à un grand banquet.
Je vous souhaite la bienvenue dans mon palais d'Aix-la-Chapelle.
Ces plats rôtis sont délicieux. Notre empereur sait recevoir.
L'heure de la détente a sonné. L'empereur entraîne ses invités dans son immense piscine.
Quel nageur !
Il a gagné la course.
Infatigable, Charlemagne finit sa journée en faisant le tour de son immense domaine.
Ce moulin fonctionne à merveille.

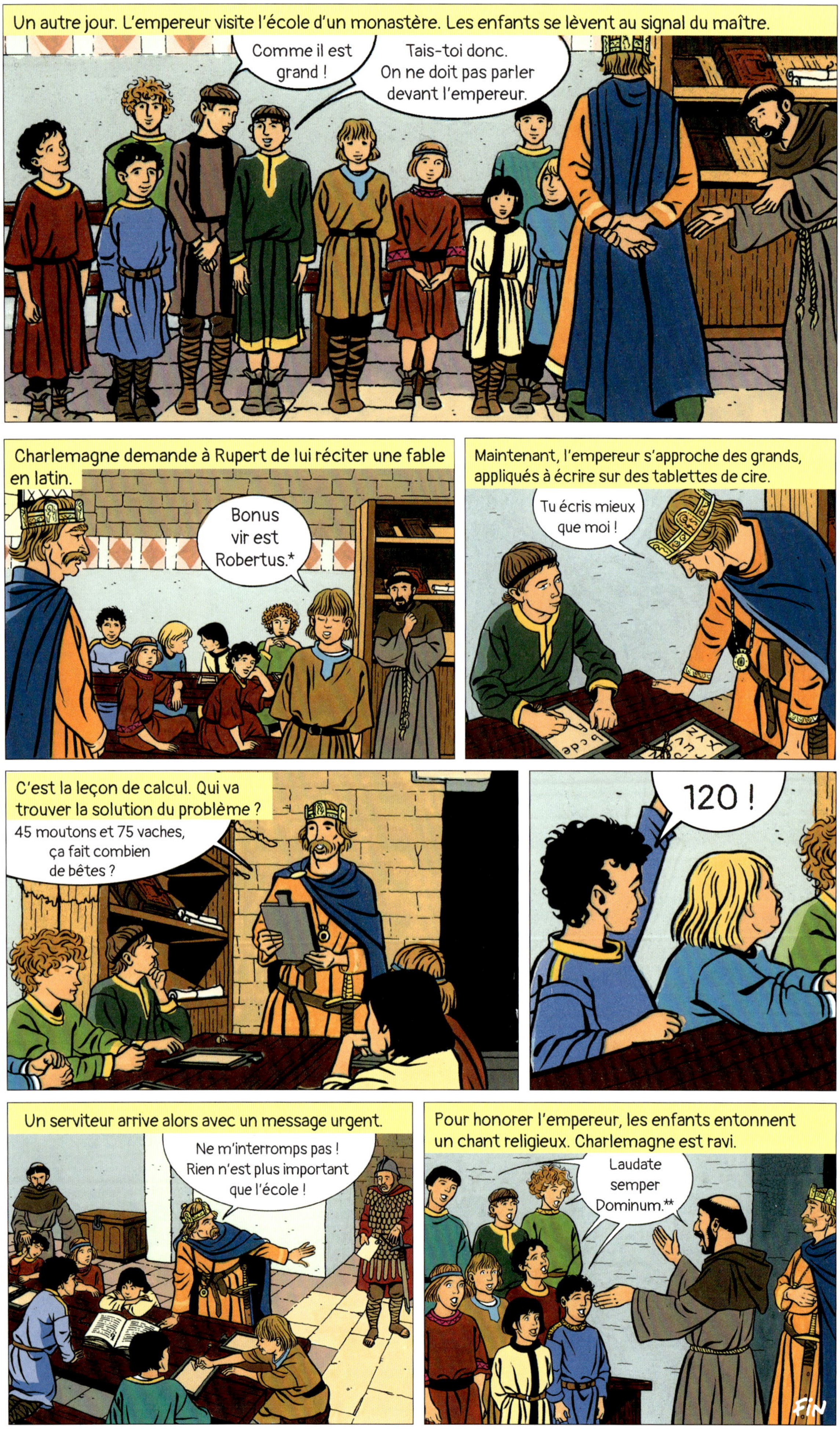

* En latin : Robert est un homme bon.

** En latin : Louez toujours le Seigneur.

L'empereur d'Occident

1 } Un roi des Francs conquérant

Né en 742, Charlemagne est le fils de Pépin le Bref et de Bertrade, surnommée « Berthe au grand pied » parce qu'elle avait un pied bot. Il devient roi des Francs en 768. Il agrandit son royaume grâce à sa redoutable cavalerie. En l'an 800, il est couronné empereur par le pape Léon III.

2 } Un empire immense

Il s'étend de la mer du Nord à la Méditerranée (voir p. 124). Il occupe une grande partie de l'Europe de l'Ouest et mesure plus d'un million de kilomètres carrés. Quinze millions d'habitants y vivent ; ils parlent des langues très différentes : le saxon, le roman, le francique, le latin...

3 } Aix-la-Chapelle

Charlemagne aura plusieurs femmes et de nombreux enfants. Pour imiter les empereurs romains, il se fait bâtir un palais dans la ville d'Aix (aujourd'hui en Allemagne). La capitale de l'empire prend le nom d'Aix-la-Chapelle, car le palais comprend une chapelle.

Un excellent nageur
Charlemagne a choisi Aix-la-Chapelle parce que c'est une ville thermale dont il aime les eaux chaudes. Passionné de natation, il a fait construire une immense piscine dans son palais.

4 } Les comtés

Il divise son empire en 250 comtés. À la tête de chacun, il installe un comte qui lui jure obéissance et fidélité. Le comte est chargé de gouverner son territoire. Des *missi dominici*, les « envoyés du maître », voyagent et inspectent les comtés pour faire appliquer les lois. Ils rendent compte de leur mission directement à l'empereur.

Charlemagne a-t-il inventé l'école ?

Non, car elle existait dès l'Antiquité. Mais au IXe siècle, très peu de gens savent lire et écrire. Charlemagne a développé l'école dans toutes les régions de son empire. Sous son règne, l'écriture « caroline » est créée. Elle est régulière alors qu'avant Charlemagne, les lettres ont des tailles et des formes variables.

5 } Un empire morcelé

Charlemagne règne quarante-cinq ans. Mais quand il meurt en 814, ses fils se querellent. Cette guerre de succession va entraîner le partage de l'empire. En 843, le traité de Verdun divise en trois l'Empire carolingien (voir p. 124).

Les grandes dynasties

Quatre grandes familles, les dynasties, se sont succédé sur le trône de France entre le ve et le xve siècle.

Les dynasties de la France
- Mérovingiens
- Carolingiens
- Capétiens
- Valois

Clovis Ier 466 - 511 (Naissance-mort) · Clotaire Ier 497 - 561 · Clotaire II 584 - 629 · Dagobert Ier 605 - 639 · Clovis II 635 - 657 · Clotaire III 654 - 673 · Childéric II 650 - 675 · Thierry III 654 - 695 · Clovis III 682 - 695 · Childebert III 683 - 711 · Dagobert III 699 - 715

Chilpéric II 670 - 721 · Thierry IV 713 - 737 · Childéric III 714 - 753 · Pépin le Bref 715 - 768 · Charlemagne 742 - 814 Empereur · Louis Ier le Pieux 778 - 840 · Charles II le Chauve 823 - 877 · Louis II le Bègue 846 - 879 · Louis III 863 - 882 · Carloman 866 - 887 · Charles III le Gros 839 - 888

Eudes 860 - 898 · Charles III 879 - 929 · Robert Ier 860 - 923 · Raoul ? - 936 · Louis IV d'Outremer 918 - 954 · Lothaire 941 - 986 · Louis V le Fainéant 967 - 987 · Hugues Capet 939 - 996 · Robert II le Pieux 972 - 1031 · Henri Ier 1008 - 1060 · Philippe Ier 1052 - 1108

Louis VI le Gros 1084 - 1137 · Louis VII 1120 - 1180 · Philippe II Auguste 1165 - 1223 · Louis VIII le Lion 1187 - 1226 · Louis IX (Saint Louis) 1214 - 1270 · Philippe III le Hardi 1245 - 1285 · Philippe IV le Bel 1268- 1314 · Louis X le Hutin 1289 - 1316 · Jean Ier 1316 - 1316 · Philippe V le Long 1293 - 1322 · Charles IV 1294 - 1328

Philippe VI 1293 - 1350 · Jean II le Bon 1319 - 1364 · Charles V 1338 - 1380 · Charles VI le Fol 1368 - 1422 · Charles VII le Victorieux 1403 - 1461 · Louis XI 1423 - 1483

Les derniers rois

Après le Moyen Âge, une dernière dynastie règnera sur la France : les Bourbons. Ses représentants les plus connus sont : Henri IV, fondateur de la dynastie ; Louis XIV, le Roi-Soleil ; Louis XVI, le roi décapité par les révolutionnaires ; Louis-Philippe, le dernier roi de France.

La saga d'Erik le Rouge

Vers l'an 1000, Erik le Rouge et son fils Leif Erikson partent à la recherche de nouvelles terres. Suis ces formidables explorateurs vikings* !

* Cette BD est inspirée de la saga des Groenlandais, un récit légendaire du XIVe siècle. **Un clan regroupe plusieurs familles.

Le lendemain.
L'attaque va être foudroyante !
Allons-y !
?!
KLONK
PAF
Après l'affrontement...
Je suis vengé !
Ahhh !
Erik est convoqué par le *thing*, une assemblée qui organise la vie des Vikings.
Tu as fait justice toi-même et tué ton voisin. Nous avons des règles pour éviter que tout le monde s'entretue.
Tu ne les as pas respectées. Aussi, l'assemblée te condamne à quitter ta ferme. Tu es banni, avec ceux de ton clan.
C'est le jour du départ d'Erik le Rouge...
Trois hivers loin de nous, c'est une lourde peine !
Des familles de notre clan veilleront sur toi et te respecteront.
Mon père avait commis un meurtre en Norvège et il était venu s'installer ici, en Islande. Maintenant, c'est moi qui suis banni.

* Erik et ses compagnons arrivent au Groenland.

* Le pays vert, *grœnn* (vert) et *land* (terre, pays) en vieux norrois, donnera le nom Groenland.

Quinze années ont passé...
Les familles parties d'Islande sont installées au Groenland.
Erik est leur chef.
Erik, regardez ce qu'ils ont chassé !
Belle bête. Bravo !
Leif vient de rejoindre sa famille.
L'été est trop court, ici. Impossible de cultiver des céréales. Et on manque de fer et de bois.
Oui, je vois bien que la vie est rude, même si vous faites le commerce des fourrures.
Le soir, Erik et Leif parlent avec Bjarni, un ancien.
J'ai beaucoup navigué entre l'Islande et le Groenland. Après une tempête, je me suis perdu et j'ai aperçu des terres inconnues, plus à l'ouest.
Nous devrions partir pour explorer ces terres.
Bonne idée !
Le lendemain, Erik et son fils retrouvent Bjarni sur son bateau.
Son bateau semble plus robuste que le mien.
En construire un nouveau prendrait beaucoup de temps.
Marché conclu, Bjarni ! Nous achetons ton bateau !
C'est le grand jour. Père et fils s'apprêtent à quitter le Groenland pour une destination inconnue.
Quelle fierté de partir avec mon fils !
Quand soudain...
Ahhh !

Père, Père,
tu m'entends !
Mon fils, je souffre trop. Toi, pars explorer le monde.
Leif part à l'aventure avec 35 hommes. Le temps passe et le voyage se poursuit toujours plus à l'ouest...
Sur une côte inconnue...
Ici, il y a de l'eau douce, mais ce n'est pas très accueillant.
Plus loin...
Thor, dieu tout puissant, protège notre expédition !
Ici, il n'y a que des arbres.
Encore plus loin...
Terre ! Terre !
Après des jours de navigation, les Vikings accostent...
Cette terre est couverte de prairies... On pourra y élever du bétail.
Vers l'an 1000, Leif a exploré les rivages de l'Amérique, avant de rentrer au Groenland où il est mort. On a retrouvé des ruines de maisons vikings à Terre-Neuve.
Elles prouvent que les Vikings sont les premiers Européens à avoir atteint l'Amérique, 500 ans avant Christophe Colomb.
FIN

Les invasions vikings

1 } Qui sont les Vikings ?

Au IXᵉ siècle, l'Europe est attaquée par de nouveaux envahisseurs : les Vikings. On les appelle aussi Normands, car ils viennent du nord de l'Europe, la Scandinavie. C'est un peuple de paysans mais aussi de très bons marins qui voyagent beaucoup.

Les hommes aux bijoux

Tous les Vikings, les hommes comme les femmes, raffolent des bijoux. Leurs orfèvres fabriquent toutes sortes de parures en or et en argent, décorées de motifs végétaux et d'animaux fabuleux.

2 } Paris assiégé

Les Vikings débarquent sur les côtes mais remontent aussi les fleuves. Leur but : s'emparer des richesses des villes et des abbayes qu'ils attaquent. En 886, ils remontent la Seine jusqu'à Paris avec 700 bateaux et 3000 guerriers. Ils incendient Paris mais la ville résiste et s'en sort en payant une grosse rançon.

3 } Un bateau remarquable

Le bateau des Vikings s'appelle *langskip* ce qui veut dire « long bateau ». Il est en effet très long, 20 à 30 mètres, et peu large. Il est aussi nommé *drakkar*, « dragon » en suédois, car sa figure de proue est souvent une tête de dragon. Équipé d'une voile carrée et de rames, il peut naviguer en haute mer mais aussi remonter les fleuves et les rivières peu profondes grâce à son fond plat.

Par Thor et par Odin !

Les Vikings vénéraient de nombreux dieux dont les plus connus sont :

- **Odin :** le père de tous les dieux, dieu de la Sagesse et de la Guerre. Il galope sur un cheval à huit pattes (*illustration*).
- **Thor :** fils d'Odin et d'une géante, dieu du Tonnerre. Il se déplace sur un char volant tiré par deux boucs magiques.
- **Frey :** dieu de la Vie et de la Fertilité, toujours accompagné de son sanglier.

4 } Jusqu'en Amérique !

On sait que les Vikings ont traversé l'océan Atlantique sur leurs bateaux. Ils ont atteint le Groenland et les rivages de l'Amérique vers l'an 1000. En effet, on a retrouvé des ruines de maisons vikings à Terre-Neuve.

5 } La création de la Normandie

En 911, le roi des Francs, Charles le Simple, donne au chef viking Rollon un territoire de part et d'autre de la Seine. En échange, Rollon et ses hommes se convertissent au christianisme et ne mènent plus de raids contre le royaume. Ce territoire deviendra la Normandie, la terre des hommes du Nord.

Guillaume le Conquérant

Comment Guillaume, enfant illégitime du duc de Normandie, devint roi d'Angleterre…

Neuf ans plus tard.
Ce garçon est trop jeune. C'est moi qui devrais gouverner à sa place.
En plus, c'est un bâtard. Son père n'a même pas épousé sa mère, une simple tanneuse de peaux !
Dès cette nuit, faisons-le enlever et tuer !
Il est seul, sans escorte. C'est le moment ou jamais...
Vite, je dois prévenir Guillaume.
Fuyez au plus vite ! On complote dans votre dos...
Mes proches me trahissent ! Allons demander de l'aide au roi de France...
En 1047, aidé par le roi de France, Guillaume remporte une victoire contre les seigneurs qui veulent le chasser du pouvoir.
À l'attaque !
Battons-nous pour Guillaume le Bâtard !
En 1053, Guillaume épouse Mathilde de Flandre.
Les seigneurs m'acceptent enfin.
Tant mieux ! La Normandie a besoin de paix.

Six ans plus tard...
Quoi ? Mais c'est impossible !
Edouard, le roi d'Angleterre, est mort et Harold, son beau-frère, s'est installé sur le trône.
Ah le traître ! Edouard m'avait désigné pour lui succéder !
Harold m'avait juré fidélité mais il m'a trahi. J'ai besoin de votre aide pour envahir l'Angleterre.
J'accepte.
Comptez sur moi et mes hommes.
Pour débarquer en Angleterre, Guillaume fait construire des centaines de bateaux.
Ces navires seront réservés au transport des chevaux.
Quelques mois plus tard, la flotte est prête.
On a chargé les armes et les provisions.
Attendons des vents favorables pour traverser la Manche.
Le 28 septembre 1066, à Saint-Valéry-sur-Somme, le temps permet enfin de partir vers l'Angleterre.
Nous sommes des milliers. Harold, prends garde à toi !

ANGLETERRE
Hastings
Saint-Valéry
Le 14 octobre, à Hastings.
Celui qui prendra la fuite est un homme mort. Qui se battra bien aura la vie sauve...
Au même moment, Harold encourage ses hommes.
Nous venons de vaincre les Norvégiens. Nous n'allons faire qu'une bouchée des Normands...
Et Guillaume ne sera jamais roi d'Angleterre !
Grrr !
Les archers normands tirent les premiers...
... les flèches des Anglais ne tardent pas.
Guillaume mène l'attaque.
Par ici ! La palissade est ouverte !
À l'assaut !

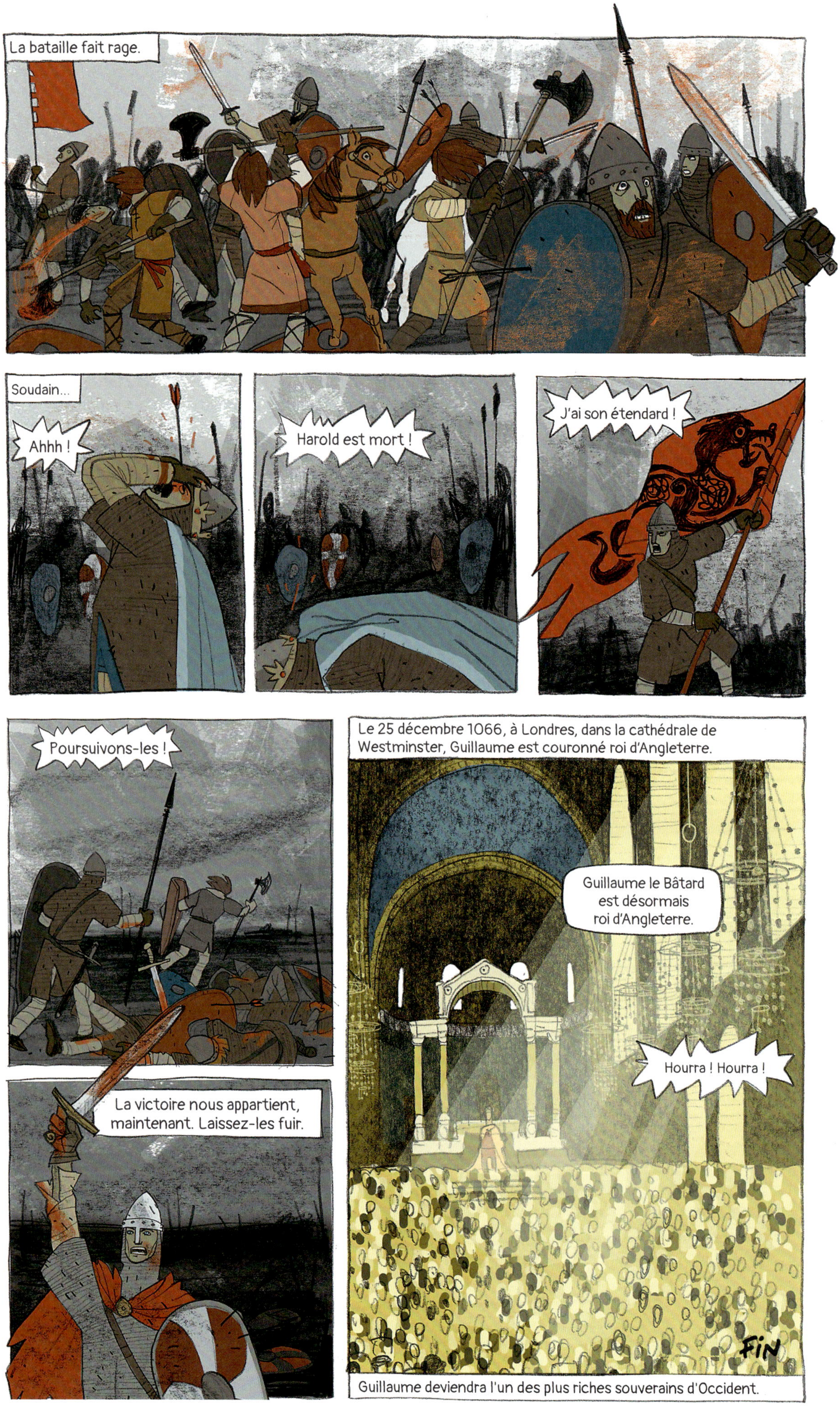
La bataille fait rage.
Soudain...
Ahhh !
Harold est mort !
J'ai son étendard !
Poursuivons-les !
La victoire nous appartient, maintenant. Laissez-les fuir.
Le 25 décembre 1066, à Londres, dans la cathédrale de Westminster, Guillaume est couronné roi d'Angleterre.
Guillaume le Bâtard est désormais roi d'Angleterre.
Hourra ! Hourra !
FIN
Guillaume deviendra l'un des plus riches souverains d'Occident.

La société féodale

À partir du Xe siècle, la France est découpée en territoires indépendants, dirigés par de grands seigneurs. On parle de « société féodale ».

Et Guillaume ?
Le duc de Normandie est le vassal du roi de France. Il est à son service. Et pourtant son duché est plus important que le domaine royal.

1 } La féodalité

C'est un contrat qui unit deux hommes : un suzerain et un vassal. Le second se met au service du premier. Le suzerain doit protéger son vassal, en échange de sa fidélité et de son aide. Le mot féodalité vient de fief (*feodum* en latin). Le fief est le territoire que le suzerain confie à son vassal. Ce dernier doit le gouverner, y rendre la justice et prélever les impôts.

2 } Les trois groupes de la société

L'Église proclame que Dieu a partagé les hommes en trois « états » : ceux qui combattent, les seigneurs ; ceux qui prient, les religieux ; ceux qui travaillent, les paysans, les artisans et les commerçants. Le pouvoir revient aux deux premiers états. Cette division va subsister jusqu'à la Révolution française.

La pyramide de la société du Moyen Âge

1 Le **roi** est le suzerain le plus puissant. Mais son territoire peut être plus petit que celui de grands seigneurs (voir carte p. 124).

2 Les **grands seigneurs** sont comtes et ducs. Ils règnent sur des régions parfois immenses, comme l'Aquitaine ou la Normandie. Les **archevêques** sont des religieux très importants nommés par le pape et qui dirigent plusieurs diocèses.

3 Les **petits seigneurs** sont les vassaux des grands seigneurs. Les **évêques** gèrent un diocèse qui rassemble les paroisses d'une région (voir p. 78). Les **abbés** dirigent une abbaye ou un monastère.

4 Les **bourgeois** habitent les villes et sont **artisans** ou **commerçants** (voir p. 79). Les **prêtres** et les **moines** travaillent dans une église ou un monastère (voir p. 66).

5 Les **paysans** sont les plus nombreux. Ils sont **serfs**, sans liberté, ou **vilains**, paysans libres (voir p. 50).

En lice pour jouter !

Quand ils ne font pas la guerre, les chevaliers s'entraînent en combattant dans des tournois. Durant cette épreuve, appelée joute, les cavaliers s'élancent au galop pour désarçonner leur adversaire.

Une fête énorme

Les tournois sont annoncés des mois à l'avance et sont l'occasion de fêtes magnifiques. Les écus portant les blasons des chevaliers engagés sont exposés. Une carrière, appelée lice, est labourée. Tout autour, on monte des gradins décorés de tapis et de bannières, ainsi que des tentes où s'installent les seigneurs et les dames.

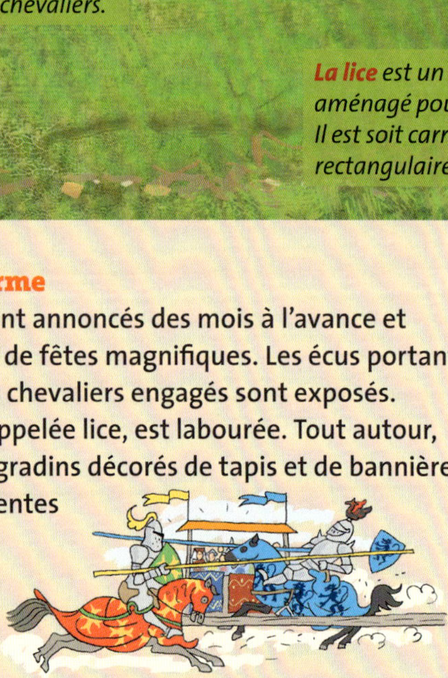

Les règles

On ne peut porter de coups de lance qu'au visage et entre les quatre membres, au « plastron ». Il ne faut plus frapper un chevalier qui a perdu son casque ou relevé sa visière ; ne point blesser le cheval de son adversaire ; ne point frapper de la pointe mais du tranchant de l'épée. Malgré ces consignes, les tournois restent des jeux mortels.

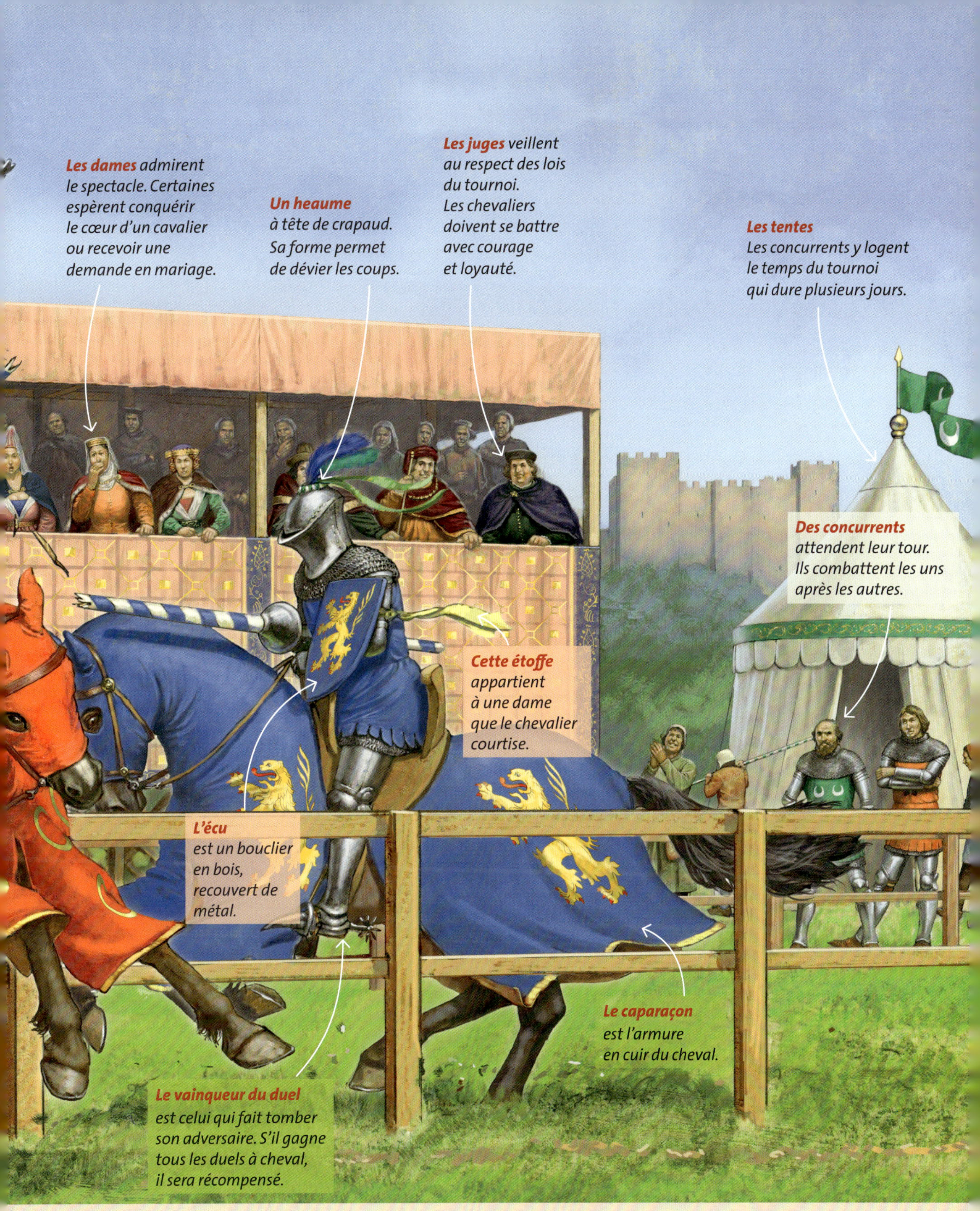

Les armoiries

Elles sont l'emblème d'une famille et sont dessinées sur l'écu, le vêtement et le caparaçon. Ellles utilisent 5 couleurs et 2 métaux qui ont un sens. **Rouge** : courage, hardiesse. **Bleu** : majesté, sérénité.
Vert : espérance, liberté.
Noir : science, modestie.
Violet : dignité, puissance.
Or : prestige.
Argent : sagesse.

Un tournoi fatal

En 1559, le roi de France, Henri II, offre de grandes fêtes au peuple de Paris, à l'occasion des mariages de sa fille et de sa sœur. Il s'élance dans la lice sous les couleurs de sa maîtresse, Diane de Poitiers. Mais la lance de son adversaire se brise et traverse la visière du roi qui meurt. Cet accident hâte le déclin de ces jeux.

Le temps des chevaliers

1 } Qui sont les chevaliers ?

Ce sont les guerriers qui se battent à cheval et qui ont été adoubés (voir paragraphe 3). Les seigneurs se font souvent la guerre entre eux. Les champs sont ravagés et les paysans n'ont pas le droit d'avoir d'armes pour se défendre. Aussi, les seigneurs emploient des chevaliers pour défendre leur domaine.

2 } Un long apprentissage

Pour être chevalier, il faut être né dans une famille noble. Seuls les enfants de seigneurs peuvent être chevaliers. À 10 ans, le garçon devient page : il quitte sa famille et est envoyé chez un seigneur voisin qui devient son parrain. Il apprend à monter à cheval. À 12 ans, le page devient écuyer. Il accompagne le seigneur au combat et il apprend à se battre.

Écu
C'est le nom d'un bouclier triangulaire du Moyen Âge, et cela a donné le mot écuyer.

3 } L'adoubement

Vers l'âge de 20 ans, l'écuyer devient chevalier lors de cette cérémonie. Il reçoit son épée et ses éperons, et prête serment (voir encadré). Le geste principal de l'adoubement est la colée : le jeune chevalier reçoit sur l'épaule une tape de la main ou du plat de l'épée, donnée par son parrain.

4 } 25 kg sur le dos !

L'équipement des chevaliers a beaucoup évolué au cours des siècles. Les armures se perfectionnent et deviennent de plus en plus lourdes. La cotte de mailles est faite de milliers d'anneaux soudés entre eux. Le heaume est un casque avec une visière fendue au niveau des yeux. L'épée mesure 1 m et pèse 2 kg.

5 } Blasons et devises

Sous son armure, le chevalier n'est plus reconnaissable. Les blasons et armoiries sont dessinés sur l'écu et les bannières pour reconnaître une famille ou une armée sur le champ de bataille. La devise est un cri d'armes pour rallier les hommes au combat. Par exemple : « Pense à ta fin en chrétien et pense à ton but en soldat. »

Le serment du chevalier

Il est prononcé à voix haute par le chevalier lors de son adoubement.

1. Tu observeras les commandements de l'Église.
2. Tu protégeras l'Église.
3. Tu défendras tous les faibles.
4. Tu aimeras le pays où tu es né.
5. Tu ne fuiras jamais devant l'ennemi.
6. Tu combattras les infidèles.
7. Tu rempliras tes devoirs féodaux.
8. Tu ne mentiras jamais et tu seras fidèle à ta parole.
9. Tu seras libéral et généreux.
10. Tu seras le champion du droit et du bien contre l'injustice et le mal.

La légende du roi Arthur

Les exploits du roi Arthur fascinent depuis des siècles. La légende remonte au VIe siècle et a pris son véritable essor au XIe siècle.

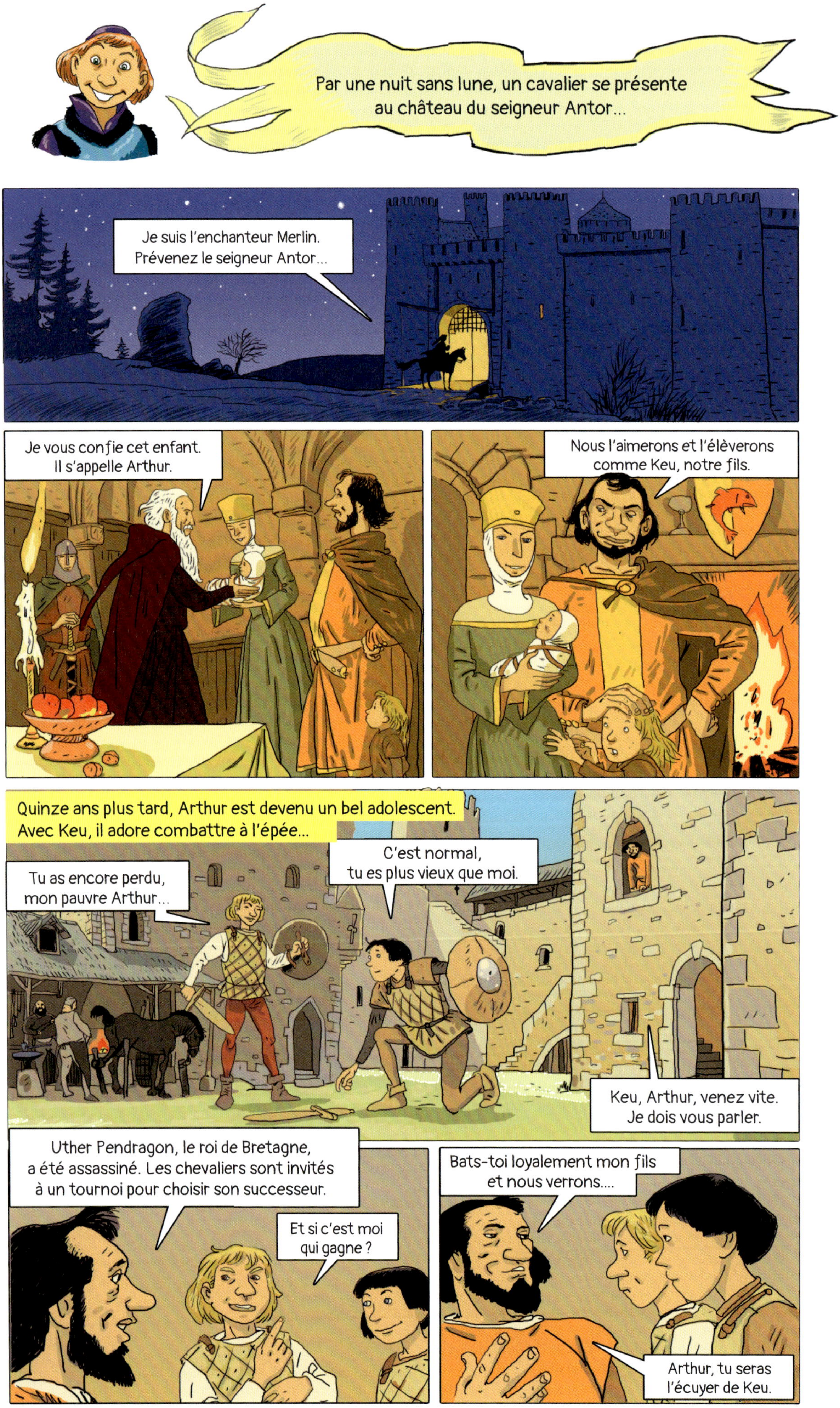
Par une nuit sans lune, un cavalier se présente au château du seigneur Antor...
Je suis l'enchanteur Merlin. Prévenez le seigneur Antor...
Je vous confie cet enfant. Il s'appelle Arthur.
Nous l'aimerons et l'élèverons comme Keu, notre fils.
Quinze ans plus tard, Arthur est devenu un bel adolescent. Avec Keu, il adore combattre à l'épée...
Tu as encore perdu, mon pauvre Arthur...
C'est normal, tu es plus vieux que moi.
Keu, Arthur, venez vite. Je dois vous parler.
Uther Pendragon, le roi de Bretagne, a été assassiné. Les chevaliers sont invités à un tournoi pour choisir son successeur.
Et si c'est moi qui gagne ?
Bats-toi loyalement mon fils et nous verrons....
Arthur, tu seras l'écuyer de Keu.

La veille de Noël, Antor et ses fils arrivent en ville.
Quel bruit ! Je n'ai jamais vu autant de monde !
Toute la ville ne parle que d'une chose...
Cette nuit, un rocher est miraculeusement apparu...
Et une épée brillante est plantée dedans...
Celui qui arrachera l'épée sera roi de Bretagne, par la volonté de Dieu !
Beaucoup de Bretons tentent d'arracher l'épée... Sans succès !
Pendant ce temps, Keu se prépare au tournoi.
Mais... Où est mon épée ? Trouve-la vite, Arthur...
... sinon je t'étripe !
Où trouver une épée...?
CELUI QUI L'ÉPÉE SERA PAR LA VOLO DE DIEU

Nous avons un roi !
C'est un miracle !
Cet enfant n'est pas digne d'être notre roi.
Laissez-moi parler !
Merlin prend alors la parole.
L'épée a désigné le vrai roi. Il s'appelle Arthur Pendragon, il est le fils du roi Uther.
Je l'ai enlevé quand il était bébé, pour le protéger.
Arthur, la Bretagne a besoin de toi ! Acceptes-tu d'arracher aux ténèbres ce pays et ses habitants ?
Oui, je l'accepte !
Je combattrai les ennemis de mon pays.
Je protégerai les plus faibles...
... les femmes et les orphelins...
Arthur est couronné roi de Bretagne. Il reçoit ensuite la visite de trois fées qui lui promettent un grand destin.
Arthur, tu seras le roi le plus aimé des fées.
Reçois ce fourreau pour ton épée enchantée, Excalibur.
Tant que tu porteras cette épée, nul ne pourra faire couler ton sang !
FIN

Qui sont les troubadours ?

Ce sont les poètes du Moyen Âge.
Certains étaient de vraies stars de leur époque !

1 } L'amour courtois

Courtois vient du mot « cour ». Les gens de la cour étaient considérés comme respectueux, par opposition aux paysans, considérés comme grossiers. L'amour courtois consiste à séduire sa belle en chantant ses qualités et en combattant pour elle.

2 } Troubadours et trouvères

L'amour courtois est inventé au XIIe siècle par les troubadours, des poètes du sud de la France qui allaient de château en château. Cette mode se développe ensuite dans le nord de la France avec les trouvères.

3 } Oïl et oc

Trouvères et troubadours ne parlent pas la même langue. Au nord de la France, on parle la langue d'oïl qui deviendra le français moderne. Au sud, on parle la langue d'oc qui a donné l'occitan. Oïl et oc veulent dire « oui » dans les deux langues.

4 } Les chansons de geste

Ce sont des récits en vers de dix ou douze syllabes qui racontent les exploits guerriers des rois et des chevaliers. Elles sont chantées à partir du XIe siècle et marquent les débuts de la littérature française. La plus connue est la *Chanson de Roland* qui raconte les conquêtes de Charlemagne.

5 } Le roman

Au XIIe siècle, les premiers romans apparaissent. Ils sont davantage destinés aux gens du peuple. Le *Roman de Renart* est un recueil de récits écrits par plusieurs auteurs. Les personnages sont des animaux doués de parole : Renart le goupil, Ysengrin le loup, Chantecler le coq...

De Renart à renard

Au Moyen Âge, le renard est appelé goupil. Le goupil nommé Renart dans le *Roman de Renart* remporte un tel succès que le nom propre devient un nom commun.

Arthur et les chevaliers de la table ronde

Le chef de guerre breton Arthur aurait vécu au Ve siècle et ses exploits sont chantés par les troubadours. Son histoire devient une légende, d'abord orale puis écrite. Arthur réunit les meilleurs chevaliers autour d'une table ronde qui permet à tous d'être égaux devant le roi. Les plus célèbres sont :

- **Lancelot** : il est le meilleur chevalier, mais il aime la reine Guenièvre, la femme d'Arthur. Il sera exilé pour cela.
- **Perceval** : très jeune et naïf, il devient un chevalier au grand cœur. Il trouve le Graal, la coupe sacrée qui aurait recueilli le sang du Christ.
- **Gauvain** : le neveu d'Arthur séduit les femmes par sa bravoure.

En route pour Jérusalem

Ce convoi est en route pour une lointaine ville d'Orient, Jérusalem. Ces soldats partent en croisade.

1095. Une foule immense s'est réunie pour écouter le pape.
Chrétiens, écoutez-moi ! Vous devez tous partir combattre nos ennemis et libérer Jérusalem des mains des musulmans !
Toulouse, été 1096. Le comte choisit des chevaliers pour son armée de croisés.
Je m'appelle Jehan. Je veux partir avec vous !
Les sœurs de Jehan cousent une croix sur sa tunique.
Notre mère est inquiète de vous voir partir si loin.
La route est longue et difficile.
Des pillards attaquent souvent les convois.
Rattrapez-les ! Ils m'ont volé mon chariot.
Au printemps 1097, quatre armées de croisés se rejoignent.
Nous embarquons aujourd'hui vers la Terre sainte. Mais aurons-nous la chance d'arriver à Jérusalem ?

En juin 1099, après de terribles combats, les croisés arrivent enfin devant Jérusalem.
Le comte observe les murailles.
Il faut encercler la ville.
On construit des catapultes et des tours en bois.
Apportez encore des troncs d'arbres.
Les croisés attaquent. Leurs projectiles s'écrasent dans la ville.
AVANCEZ CES TOURS !
Les musulmans lancent de l'huile enflammée.
Tirez !
Les croisés finissent par entrer dans Jérusalem.
La ville est à nous !
FIN

L'Europe chrétienne

Née au Ier siècle, la religion chrétienne est d'abord persécutée. Mais elle devient vite la religion dominante en Europe.

1 } Une nouvelle religion

Au cours du Ier siècle, les amis de Jésus voyagent tout autour de la mer Méditerranée pour propager son enseignement et fonder des communautés. Ils parlent de Jésus en l'appelant *Christos* en grec. C'est pourquoi on leur donne le nom de « chrétiens ». Mais, dans l'Empire romain, ils sont persécutés.

2 } L'essor du christianisme

En 313, l'empereur romain Constantin se convertit au christianisme et fait cesser les persécutions contre les chrétiens. La foi chrétienne se répand librement. En 393, le christianisme devient la religion officielle de l'Empire romain. En 600, presque tout l'ancien Empire romain est devenu chrétien. À la tête de l'Église, le pape est l'évêque de Rome.

Le palais du Latran
En 313, Constantin donne au pape Miltiade un palais, situé à Rome. Il devient la résidence principale des papes, du IVe au XIIIe siècle.

3 } Prêtres, missionnaires, ermites

Avec l'expansion du christianisme, on construit des lieux de culte où les prêtres enseignent la religion et organisent les messes. D'autres religieux suivent l'exemple des apôtres de Jésus et voyagent pour propager leur foi : ce sont les missionnaires. D'autres encore se retirent du monde pour témoigner de leur foi : ce sont les ermites. Peu à peu, l'Église prend une telle importance qu'elle organise la vie de la société (voir p. 29).

4 } Le schisme de 1054

C'est la séparation officielle entre les chrétiens de l'ouest de l'Europe (les catholiques) et les chrétiens de l'est de l'Europe (les orthodoxes). Cette rupture a lieu pour des raisons de pratiques religieuses et de croyances. Les catholiques restent placés sous l'autorité du pape, alors que les Églises orthodoxes sont rattachées à différents patriarches.

La naissance de l'islam

- Cette religion est fondée au VIIe siècle, en Arabie, par Mahomet. En 610, Mahomet médite seul près de La Mecque. Un ange lui dit qu'il doit transmettre la parole de Dieu (*Allah*, en arabe) à son peuple. L'islam se répand très rapidement.
- En 711, les musulmans envahissent l'Espagne. En 732, un chef franc, Charles Martel, arrête une armée musulmane à Poitiers. Cette bataille stoppe la conquête arabe au nord des Pyrénées.
- Au XIe siècle, le monde musulman s'étend sur d'immenses territoires, en Arabie, en Orient, en Afrique du Nord et en Espagne.

La guerre au nom de Dieu

De 1095 à 1291, papes, rois et chevaliers lancent des expéditions militaires vers Jérusalem, les croisades.

1 } Une ville convoitée

En 1095, le pape Urbain II lance un appel aux chrétiens. Il leur demande de partir libérer Jérusalem qui est aux mains de musulmans. Cette ville d'Orient est importante pour trois religions : celle des juifs, des chrétiens et des musulmans. Pour les chrétiens, c'est la ville où Jésus est mort. Ils veulent libérer son tombeau.

2 } La première croisade

Beaucoup d'hommes répondent à l'appel du pape. Les plus riches, les seigneurs, espèrent conquérir de nouveaux territoires. Mais de nombreux paysans participent aussi à cette croisade. En 1099, les chrétiens prennent Jérusalem après des combats extrêmement violents contre les musulmans.

Les croisés
C'est le nom des chevaliers chrétiens qui partent en croisade. En effet, ils portent une croix sur leur tunique ou sur leur bouclier, en souvenir de la croix sur laquelle est mort Jésus.

3 } La contre-attaque musulmane

Les musulmans sont révoltés par le massacre des habitants de Jérusalem. Peu à peu, ils vont reconquérir les terres aux mains des croisés. Les forces musulmanes sont finalement unifiées par le sultan Saladin qui dirige l'Égypte à partir de 1169. Il reprend Jérusalem en 1187.

4 } La croisade des rois

De nouveau, les souverains d'Europe repartent en croisade. Le premier est l'empereur germanique, Frédéric Barberousse. Mais il se noie et son armée fait demi-tour. Les armées de Richard Cœur de Lion, roi d'Angleterre, et de Philippe Auguste, roi de France, s'emparent de la ville d'Acre en 1191.

5 } Les autres croisades

Cinq autres croisades ont lieu. L'une d'elles amène les croisés à piller la ville de Constantinople en 1204. La dernière croisade est dirigée par le roi de France, Louis IX (voir p. 86). Mais il n'arrive pas au Proche-Orient et meurt de la peste à Tunis en 1270.

L'héritage des croisades

Les croisades ont fait de nombreux morts. Mais elles ont aussi permis de nombreux échanges entre l'Europe et l'Orient.

- Les musulmans sont très savants en **astronomie**, en **médecine**, en **mathématiques** et leurs connaissances vont enrichir celles des Européens.
- Les croisés découvrent aussi des produits inconnus et les rapportent chez eux : des **étoffes précieuses**, des **plantes médicinales**, des **arbres fruitiers**...
- **Les chiffres arabes** (0, 1, 2...) utilisés par les musulmans vont aussi remplacer les chiffres romains (I, II, III...) en Europe. Et de **nombreux mots** venant de l'arabe vont rester dans la langue française : *soukkar* va donner sucre, *makhazane* magasin, *ktoun* coton...

Les pèlerinages

1 } Un sacré voyage

Beaucoup de chrétiens font le choix de quitter leur famille pour aller prier sur un lieu sacré, là où est enterré un saint par exemple. Ces pèlerins parcourent des centaines de kilomètres malgré les dangers du voyage. Les pauvres font le pèlerinage à pied, les plus riches à cheval.

2 } Le but du pèlerin

Les pèlerins partent pour remercier Dieu ou un saint de les avoir guéris. D'autres souhaitent demander une grâce ou se faire pardonner une faute grave. En chemin, les pèlerins font halte dans des monastères ou des hospices où ils peuvent se nourrir, se faire soigner leurs pieds blessés et passer la nuit.

3 } Les grands lieux

Beaucoup de pèlerins se rendent à Jérusalem, la ville où est mort Jésus. Ils vont aussi sur le tombeau de saint Pierre, à Rome, et sur celui de saint Jacques, à Compostelle. Mais il y a aussi des pèlerinages en France, comme celui du Mont-Saint-Michel.

Les reliques
Ce sont des ossements ou un morceau de vêtement ayant appartenu à un saint. Elles sont conservées dans le sanctuaire où les croyants viennent prier.

4 } Les dangers du chemin

Beaucoup voyagent en groupe avec un guide et parfois une escorte armée. En effet, ils doivent parcourir des chemins ou des routes maritimes semés d'embûches : attaques de brigands et de loups, crues des rivières, tempêtes... La plupart des pèlerins prennent la précaution de faire leur testament avant d'entreprendre leur périlleux voyage.

Saint-Jacques de Compostelle

◆ Située en Galice, au nord de l'Espagne, cette ville est un des plus importants pèlerinages de la chrétienté. Il apparaît au IXe siècle et honore les reliques de saint Jacques.

◆ En 1140, un guide du pèlerin de Saint-Jacques décrit aux voyageurs les routes à emprunter, les étapes et les difficultés. Ce guide connaît un énorme succès et accroît la renommée du lieu dans l'Europe entière.

◆ Au départ de Paris, de Bourgogne, d'Auvergne et de Provence, quatre chemins traversent la France et se rejoignent en Espagne. La célébrité du pèlerinage profite à d'autres sites qui en deviennent des étapes importantes : Vézelay, Conques...

La coquille du jacquet

On appelle « jacquet » le pèlerin qui va à Compostelle. Il porte une coquille qui est l'emblème de saint Jacques. En effet, la légende raconte que saint Jacques a sauvé un cavalier de la noyade en faisant remonter des coquillages à la surface de l'eau.

Une journée au moulin

Un matin de juillet, Jean le meunier part au village pour livrer ses sacs de farine. Tout le monde apprécie son travail, mais il est aussi jalousé…

*« Aube rouge, vent ou pluie » : ce vieux dicton prédit la pluie ou le vent, quand le ciel du petit matin est rouge.

Lison, mange ta soupe.
On ira s'occuper des bêtes après.
Petit, petit, petiiiiiit !
Mémé ! Regarde tous les œufs !
Doucement, ma grande. Sinon tu vas faire une omelette...
Robin verse les grains de blé dans un entonnoir. Deux meules en pierre écrasent ces grains et en font de la farine.
Lison, va te préparer, tu m'accompagnes au village.
Chouette !
Bonjour Jean !
Bonjour la mère Maurice ! Robin va moudre votre blé !
T'es content, Grisou ? On va se balader...

* Au Moyen Âge, les paysans cultivent différentes céréales : froment, seigle, avoine, orge...

*Tamiser : c'est séparer le son, c'est-à-dire l'enveloppe des grains, de la farine.

Le père n'est pas là. Il faut que le fils sorte du moulin.
Un peu plus tard…
Robin ! Viens ! J'ai besoin de toi !
J'arrive, Mémé !
Le moulin va trop vite. Tout à l'heure, je réduirai les toiles qui sont sur les ailes.
C'est le moment…
Le boulanger fait tourner le moulin pour qu'il aille encore plus vite.
Ton moulin, ton moulin va trop vite !!! Pas assez à mon goût ! Maudit meunier, tu vas voir de quel bois je me chauffe !
Quand le vent souffle très fort, la meule de pierre tourne très vite. Des étincelles peuvent se produire, qui mettent le feu à la poussière de grain.

Mon Dieu ! Qu'ai-je fait ?
Au feu ! Au feu !!!
DONG ! DONG !
KRAK
Ouf, il pleut !
« Aube rouge, vent ou pluie. » Le dicton dit vrai.
FSHHH
FSHHH
La fête de la Saint-Michel a lieu fin septembre.
Mmm ! J'adore les beignets !
Tu sais que le seigneur a condamné mon patron à l'exil ?
J'ai payé mon impôt au château. Mais l'année a été bonne, malgré le début d'incendie…
Alors, fêtons cela !
FIN

La vie des paysans

Au Moyen Âge, neuf personnes sur dix sont des paysans. Leur vie est rythmée par les saisons qui conditionnent les travaux des champs.

1 } Serfs et vilains

Les paysans les plus pauvres, les **serfs**, n'ont aucune liberté : ils sont attachés au service d'un seigneur et ne peuvent quitter la terre sans l'autorisation de ce dernier. Les **vilains** (le mot vient de *villa* qui veut dire « ferme » en latin) sont des paysans libres qui louent une terre et doivent des jours de travail au seigneur, les corvées. Ils se nourrissent de ce qu'ils cultivent et vendent leurs produits au marché.

2 } Seigneurs et paysans

Le seigneur doit protéger les habitants de son fief (voir p. 29). Il met à leur disposition des « banalités » : moulin, four, pressoir. En échange, les paysans lui versent des impôts : la taille contre sa protection, le cens pour louer des terres, le champart qui est une partie des récoltes. Le seigneur qui vit du travail des paysans a donc intérêt à prendre soin d'eux.

Déjà le péage !
Aujourd'hui, on paie au péage de l'autoroute. Au Moyen Âge, on paie au passage d'un pont, à l'entrée d'une ville, au débarquement d'un bateau. Cette taxe permet d'entretenir ces lieux de passage.

« Les très riches heures du duc de Berry »

Ce livre de prières a été réalisé au XVe siècle, juste avant l'invention de l'imprimerie (voir p. 121). Il propose des peintures illustrant les travaux des champs :

- **février** : le paysan coupe du bois pour se chauffer ;
- **mars** : il laboure son champ ;
- **avril** : il pêche au filet dans un étang ;
- **juin** : il coupe l'herbe ;

- **juillet** : il tond les moutons ;
- **août** : c'est la moisson ;
- **septembre** : pendant les vendanges, il cueille le raisin (*illustration*) ;
- **octobre** : ce sont les semailles ;
- **novembre** : il mène ses cochons au bois pour qu'ils mangent des glands.

3 } Dans la chaumière

Les paysans habitent dans des maisons construites en terre, en bois, avec parfois des fondations en pierre. Selon les régions, le toit est en chaume, en tuiles ou en ardoises. L'intérieur est souvent composé d'une pièce unique. Tout le monde dort dans le même lit, les filles d'un côté et les garçons de l'autre. Les animaux domestiques (vaches, chèvres...) vivent souvent sous le même toit, car leur proximité tient chaud.

4 } Les outils agricoles

Au fil du temps, les outils en fer se perfectionnent et permettent de produire plus de nourriture. La charrue à roues permet de labourer la terre. La herse enfouit les grains pendant les semailles pour que les oiseaux ne les mangent pas. Les animaux portent un collier ou un joug pour mieux tirer les outils agricoles.

5 } Une production variée

Grâce à ces nouveaux outils, les cultures se diversifient. Les paysans produisent des céréales : froment, seigle, orge, blé ; des légumineuses : fèves, pois, lentilles ; des légumes : choux, poireaux, carottes... La vigne est aussi répandue dans de nombreuses régions.

Et la pomme de terre ?
Née en Amérique du Sud, elle n'arrive en Europe qu'au XVIIe siècle et est d'abord considérée comme un aliment pour les cochons.

6 } La révolution du moulin

En France, les premiers moulins à eau apparaissent au IVe siècle, les moulins à vent au XIe. C'est une des grandes révolutions techniques du Moyen Âge. Le moulin permet de transformer rapidement les grains de céréales en farine ou les graines d'oléagineux en huile.

Mal vu, le meunier !
Le meunier se paie en gardant une partie de la farine obtenue avec les céréales apportées par les paysans. Il est souvent accusé de tricher sur les quantités et donc il n'est pas aimé des paysans.

Dans la forêt profonde...

Elle couvre une grande partie du territoire mais est beaucoup défrichée. Elle procure du bois pour construire des maisons, se chauffer et faire la cuisine.
Le bois transformé en charbon sert aux forgerons pour faire fondre le fer.
Dans la forêt, on fait aussi paître les animaux domestiques : chèvres, moutons, cochons. On cueille des baies et des champignons. La chasse est réservée aux seigneurs (voir p. 99), mais le braconnage est courant : des paysans posent des pièges pour attraper du gibier, en cachette. S'ils se font prendre, ils peuvent être fouettés ou même être mis en prison.

Qui a peur du loup ?

Les loups sortent parfois du bois et attaquent des paysans isolés, comme les bergers.
Sous Charlemagne, on crée les louvetiers, des officiers publics chargés d'organiser des battues pour tuer des loups. La louveterie existera jusqu'au XIXe siècle.

Le sel et la gabelle

Le sel permet de conserver les aliments et prend de plus en plus d'importance au fur et à mesure que le commerce se développe.
Le roi de France impose alors un impôt sur le sel qui va lui rapporter beaucoup d'argent : la gabelle. Les gabelous récoltent la gabelle qui peut atteindre vingt fois la valeur du sel. Le peuple se soulève souvent contre cet impôt injuste.
Et la contrebande de sel est courante : on vole du sel pour le revendre en cachette.

L'énergie des muscles

L'énergie est la capacité à effectuer des transformations. Au Moyen Âge, une des énergies les plus utilisées est la force musculaire, humaine et animale.

À la force des bras

Le meunier
« Sans farine, pas de pain. Et moi, j'ai besoin du vent. Grâce à lui, mon moulin broie 75 kilos de grains par heure, c'est 150 fois plus qu'avec les anciens moulins tournés à la main. »

Le forgeron
« Dans mon four, le fer et l'acier se ramollissent. Ensuite, je tape dessus pour leur donner une forme. En deux heures, je fabrique dix gros clous ! Nous devons être deux ou trois pour forger une hache. »

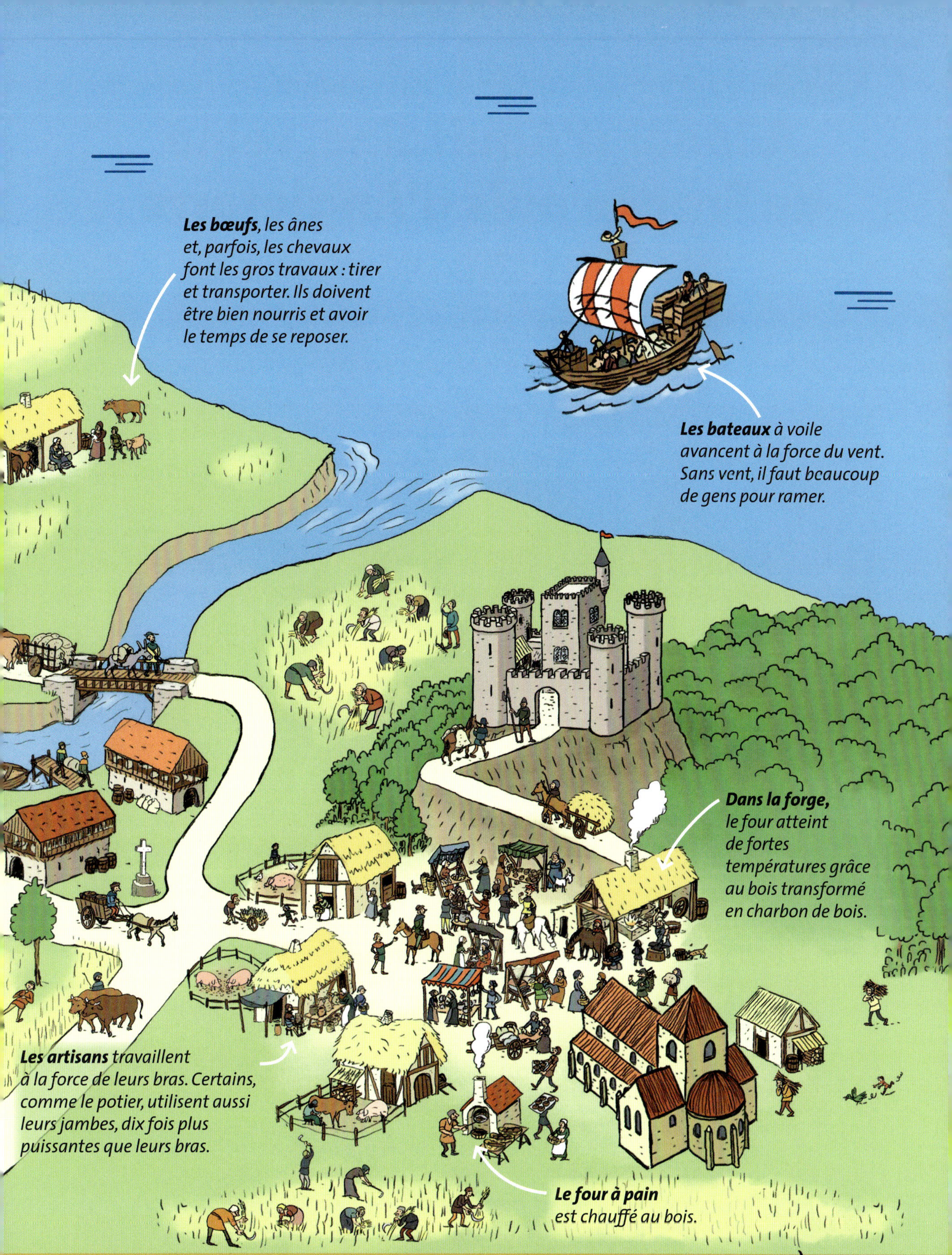

La paysanne

« Je vais chaque jour à pied au lavoir ou aux champs, souvent sans chaussures pour ne pas les user. Quand ma mule n'est pas trop chargée, je monte dessus. Elle peut porter 80 kilos ! »

Le messager

« J'apporte les missives royales sur mon cheval. Je change de monture trois fois par jour pour parcourir 90 kilomètres. Je vais cinq fois plus vite et plus loin qu'à pied. »

Aliénor d'Aquitaine, reine de France puis d'Angleterre

À 15 ans, Aliénor épouse le roi Louis VII et apporte à la France la vaste région d'Aquitaine. Mais ce n'est pas pour longtemps, car le destin d'Aliénor va la conduire en Angleterre…

En épousant Aliénor, Louis agrandit le domaine royal de son père.
ANGLETERRE
Paris
Bordeaux
Royaume de France
Domaine royal
Duché d'Aquitaine
Le roi meurt juste après la noce de son fils. Louis devient alors le nouveau roi.
Cette fille du Sud est jolie !
Vive le nouveau roi ! Vive la nouvelle reine !
Le jeune couple royal arrive à Paris. La mère de Louis, Adélaïde, accueille Aliénor et sa sœur.
Tu es reine maintenant. Voici les clés du palais royal.
Merci Majesté. Je soutiendrai Louis dans ses devoirs de roi...
J'en doute... Tu as l'air bien trop coquette !
Aliénor et sa sœur ont du mal à s'habituer à Paris.
Que c'est gris, Paris !
C'est vrai qu'il pleut beaucoup ici. Mais j'aime toute cette animation.
Et puis Louis est un époux attentif.
Dommage qu'il s'habille comme un moine. Il n'a vraiment pas l'air d'un roi.
Huit ans passent. Aliénor joue son rôle de reine...
Une petite Marie naît en 1145.
J'ai donné un enfant au roi. Mais il attendait un héritier...

En 1146...
Chrétiens, il faut prendre les armes pour libérer le tombeau du Christ !
Paris
MER NOIRE
Antioche
MER MÉDITERRANÉE
Jérusalem
Louis VII dirige la deuxième croisade qui va durer deux ans.
Aliénor accompagne le roi dans cette expédition militaire qui fait de nombreux morts.
En mars 1148...
Bientôt, nous serons à Antioche.
Mais nous avons perdu la moitié de notre armée !
Le prince d'Antioche est Raymond d'Aquitaine, l'oncle d'Aliénor.
Mon oncle, que je suis heureuse de te voir !
Aliénor, enfin ! Je vais organiser un festin en ton honneur.
De la part de votre oncle, Majesté.
Nous partons pour Jérusalem.
Mais Louis, j'ai besoin de votre armée.
N'y comptez pas !
Aliénor, nous partons.
Non. Je reste ici !
Je suis ton mari, tu dois m'obéir.
Tu n'as aucun droit sur moi !

Le couple royal rentre fâché de Jérusalem. Leur mariage est annulé.
Adieu ma fille. Je retourne en Aquitaine, mais tu dois rester à la cour de France.
Sur la route d'Aquitaine, Aliénor échappe à deux rapts : des comtes tentent de l'enlever pour l'épouser...
Majesté, il faut éviter les ponts. Notre éclaireur nous signale une embuscade...
Très vite, Aliénor se remarie avec Henri d'Angleterre. En décembre 1154, dans la cathédrale de Westminster, à Londres, elle est à nouveau reine.
Je suis sacrée pour la seconde fois de ma vie !
À eux deux, Aliénor et Henri contrôlent un territoire immense qui va de l'Écosse aux Pyrénées.
La terre d'Angleterre est bonne pour les moutons...
Celle d'Aquitaine est meilleure pour la vigne !

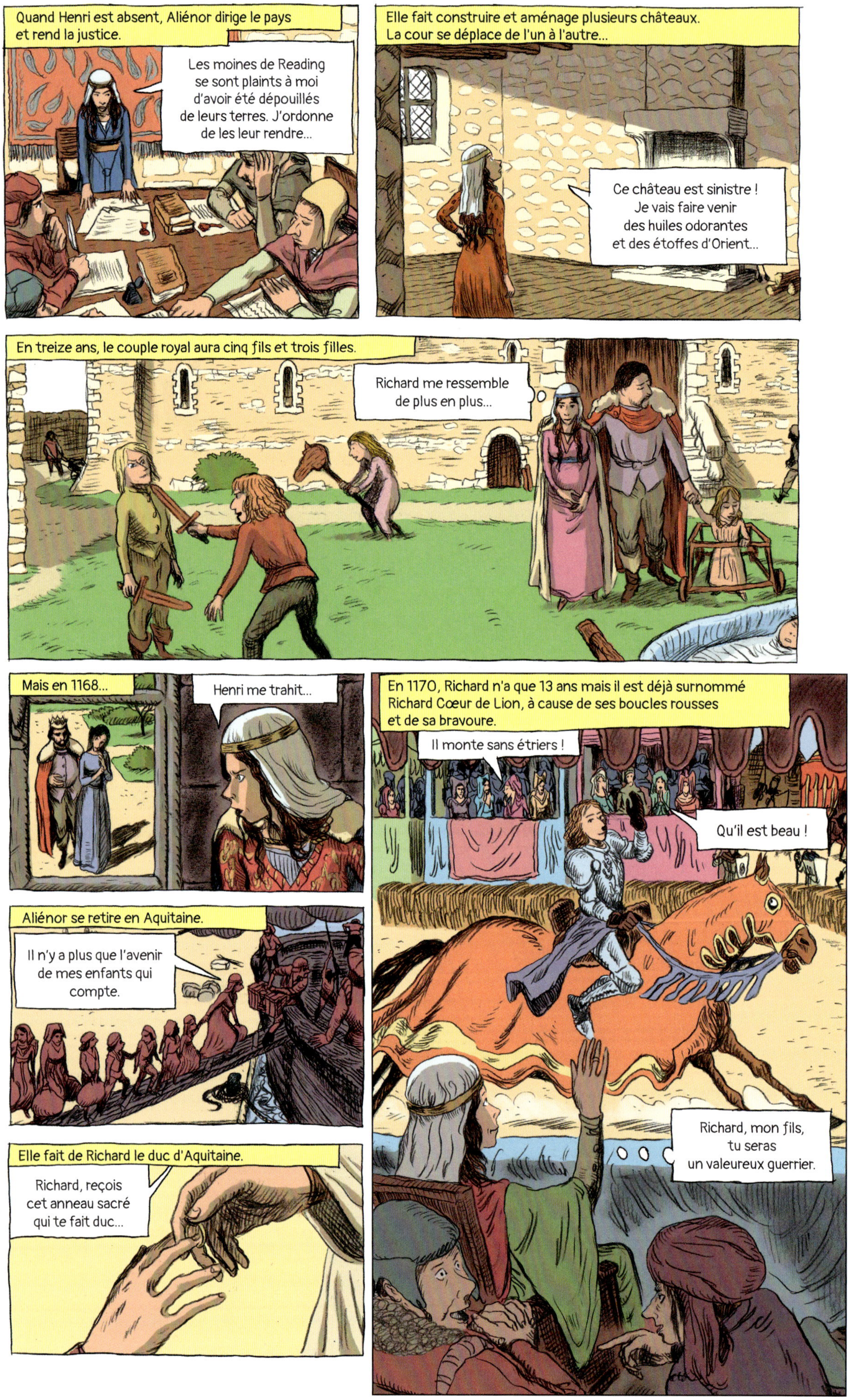
Quand Henri est absent, Aliénor dirige le pays et rend la justice.
Les moines de Reading se sont plaints à moi d'avoir été dépouillés de leurs terres. J'ordonne de les leur rendre...
Elle fait construire et aménage plusieurs châteaux. La cour se déplace de l'un à l'autre...
Ce château est sinistre ! Je vais faire venir des huiles odorantes et des étoffes d'Orient...
En treize ans, le couple royal aura cinq fils et trois filles.
Richard me ressemble de plus en plus...
Mais en 1168...
Henri me trahit...
Aliénor se retire en Aquitaine.
Il n'y a plus que l'avenir de mes enfants qui compte.
Elle fait de Richard le duc d'Aquitaine.
Richard, reçois cet anneau sacré qui te fait duc...
En 1170, Richard n'a que 13 ans mais il est déjà surnommé Richard Cœur de Lion, à cause de ses boucles rousses et de sa bravoure.
Il monte sans étriers !
Qu'il est beau !
Richard, mon fils, tu seras un valeureux guerrier.

Bientôt, c'est la guerre entre Henri et Aliénor...
Aliénor a monté nos fils contre moi ! Elle doit rentrer en Angleterre...
Près de Poitiers, en janvier 1174...
Halte-là ! Au nom du roi d'Angleterre.
Capitaine, vous pourrez vous vanter d'avoir arrêté Aliénor, duchesse d'Aquitaine et reine d'Angleterre.
Pendant dix ans, Aliénor est emprisonnée...
Ma chère fille, Tout m'échappe, le pouvoir, les honneurs...
Mais surtout, je suis séparée de mes enfants...
Son fils aîné meurt, puis c'est le tour de son mari...
Me voici enfin libre !
En 1189, Aliénor a 67 ans. Son fils Richard Cœur de Lion est devenu roi d'Angleterre. À son tour, il part en croisade...
Richard, je gouvernerai en ton nom pendant que tu te battras en Terre sainte.
Aliénor meurt à 82 ans. Elle est enterrée à l'abbaye de Fontevraud, en France. Son tombeau la montre ainsi.
FIN

Des reines célèbres

Dans le royaume de France, une loi dite « loi salique » écarte les femmes du pouvoir. Seul un garçon peut hériter de la couronne. La reine assure le pouvoir si son mari meurt et que leur fils est trop jeune. Voici quatre reines qui ont eu des destins exceptionnels.

1 } Aliénor d'Aquitaine (1122-1204)

À 15 ans, elle épouse le roi de France, Louis VII. Mais son indépendance déplaît et elle ne donne pas naissance à un garçon. L'union est annulée. Aliénor épouse Henri II, futur roi d'Angleterre, à qui elle apporte l'Aquitaine, le tiers du royaume de France ! Ils ont cinq garçons et trois filles. Mais Henri II fait emprisonner Aliénor qui soutient ses fils contre lui. Elle secourt son fils Richard Cœur de Lion, duc d'Aquitaine, capturé à son retour de croisade (voir p. 42). Elle meurt à 82 ans.

2 } Blanche de Castille (1188-1252)

Elle passe son enfance en Espagne. Elle est choisie par sa grand-mère, Aliénor d'Aquitaine, pour épouser le roi de France, Louis VIII. Ils ont douze enfants. À la mort de son mari, leur fils, le futur Louis IX (voir p. 86), est trop jeune pour diriger le pays. Elle devient ainsi la première reine à gouverner la France. Elle réconcilie le nord et le sud de la France, en mariant Louis IX à Marguerite de Provence. Elle gère le pays pendant que le roi est en croisade.

3 } Isabeau de Bavière (1371-1435)

Cette jeune princesse allemande est mariée à 15 ans au roi de France, Charles VI. Dix enfants naissent de cette union, mais la plupart meurent très jeunes. La folie du roi l'amène à jouer un rôle important dans la conduite du pays. Mais elle prend le parti du duc de Bourgogne, allié à l'Angleterre, ce qui écarte son fils, le futur Charles VII, de la couronne. Elle meurt dans la misère après que son fils, aidé par Jeanne d'Arc, a reconquis la France (voir p. 109).

4 } Anne de Bretagne (1477-1514)

Anne devient duchesse de Bretagne à l'âge de 11 ans. En 1491, elle doit accepter une union avec le roi de France, Charles VIII, pour assurer la paix entre la Bretagne et la France. Anne met au monde plusieurs enfants qui meurent tous en bas âge. Charles VIII meurt à son tour, d'un accident. Anne se marie au nouveau roi de France, Louis XII. De cette union, naîtront deux filles. Anne suit de près la gestion du duché de Bretagne. Elle meurt à l'âge de 36 ans (voir BD p. 114).

La mode médiévale

Pas question de s'habiller comme on veut au Moyen Âge ! Le paysan ou le noble ne portent pas les mêmes vêtements ni les mêmes couleurs...

1 } Les paysans

Les hommes portent en guise de sous-vêtements une chemise et un caleçon. Sur les jambes et les pieds, des chausses attachées au caleçon par un lacet. Et en haut, une tunique courte. Les femmes portent le même type d'habits, sans le caleçon et avec une tunique longue. L'hiver, on ajoute une cape avec un capuchon. Leurs couleurs sont ternes : bleu foncé, marron ou gris. Les paysannes fabriquent les tissus de leurs vêtements : le lin et le chanvre, à partir de plantes, et la laine (voir encadré).

2 } Les nobles

Les seigneurs portent un plus grand nombre d'habits, faits avec des étoffes plus riches, et décorés de broderies, de perles et de pierreries. Des fourrures entourent les cols et les emmanchures. Les teintes vives, difficiles à obtenir et donc chères, leur sont réservées. Le rouge est la couleur la plus prestigieuse. Le bleu vif est aussi très apprécié.

Bleu pastel
Dans les régions de Toulouse et d'Amiens, on cultive le pastel, une plante avec laquelle on obtient un bleu très lumineux. Il connaît un tel succès que les producteurs de pastel font fortune.

3 } Sur la tête des dames

Les femmes nobles ont les cheveux longs et tressés ou un voile qui cache leur chevelure. À partir du XVe siècle, les coiffes sont plus hautes, souvent en forme de cône. On fixe dessus une toile formant des ailes ou un voile léger. Leur but est d'allonger la silhouette.

4 } Les chaussures à poulaine

Ce sont des souliers à la pointe très allongée. La longueur dit le rang. Les rois et les princes ont droit à deux fois et demie la longueur de leur pied. Les seigneurs ont droit à deux fois, les chevaliers une fois et demie, les bourgeois une fois...

La laine, quel travail !

Il en faut des étapes pour obtenir un tissu de laine :

- **Tondre** les moutons.
- **Battre** la laine pour éliminer les impuretés.
- La **plonger** dans différents bains pour ôter la graisse du mouton.
- La **carder**, c'est-à-dire la démêler entre deux planches de bois hérissées de dents.
- La **filer** avec une quenouille pour obtenir une bobine de fil.
- La **tisser** sur un métier à tisser : on obtient un tissu rêche et irrégulier.
- **Laver** le tissu pour le feutrer, l'adoucir.
- Le **fouler** aux pieds dans de l'eau et du sable pour retirer la graisse qui reste.
- Le **teindre** dans des bains de colorants.

Odilon, l'enfant moine

Odilon a huit ans et il entre au monastère. En effet, ses parents ont décidé qu'il serait moine.

* Les oblats sont les apprentis moines.

* Les matines : c'est la prière du milieu de la nuit.

** En latin : Gloire à Dieu au plus haut des cieux.

Les oblats ont le droit de jouer un peu...
Tzing !
Oups...
... et de prendre un bain chaque samedi.
L'eau est bien chaude...
Profites-en. Les moines, eux, n'ont droit qu'à deux bains par an !
Odilon grandit au monastère. Il est très doué pour l'écriture.
C'est remarquable, Odilon !
Les livres que tu écris font la renommée de notre abbaye.
À 15 ans, Odilon est reçu par l'abbé.
Veux-tu servir Dieu toute ta vie, en étant moine ?
Oui, je le veux.
Odilon a le crâne rasé.
Cette tonsure est le signe de mon engagement.
Odilon et d'autres oblats prononcent des vœux : ils s'engagent à ne rien posséder, à ne pas se marier et à obéir à l'Église.
Je suis fier qu'Odilon donne sa vie à Dieu.
FIN

Au service de Dieu

1 } À l'écart du monde

Certains chrétiens quittent leur famille pour donner leur vie à Dieu : ils peuvent devenir moines ou moniales. Ils se retirent du monde pour vivre en communauté dans un monastère ou un couvent. Quand ce lieu est dirigé par un abbé ou une abbesse, il s'appelle une abbaye.

2 } Être moine au Moyen Âge

Les moines renoncent à leur liberté et ne possèdent rien. Ils s'habillent simplement, ils parlent peu. Ils prient Dieu pendant de longues heures et travaillent pour se nourrir. Leur emploi du temps est organisé entre les prières, la culture de la terre et l'entretien du monastère. Les plus instruits étudient et copient des livres à la main.

3 } Les enfants moines

Des enfants sont confiés aux monastères pour devenir moines. Pour les parents, c'est une bonne chose, car cette vie est un modèle au Moyen Âge. L'enfant est protégé, nourri, vêtu, et il reçoit une bonne éducation, ce qui est rare à cette époque. Et par ses prières, il assure son salut et celui de sa famille, après la mort. Devenu adolescent, il peut retrouver sa liberté s'il n'a pas envie d'être moine.

Pourquoi la tonsure ?

Le crâne rasé des moines marque un renoncement aux honneurs et aux frivolités. La couronne de cheveux restante rappellerait aussi la couronne d'épines que le Christ portait sur la croix.

4 } Au service des autres

Des moines et des moniales consacrent une partie de leur vie au service des autres. Ils fondent des écoles pour instruire les enfants. Ils créent des hôpitaux pour soigner les personnes pauvres, les jeunes mères, les gens âgés… Ils accueillent des pèlerins dans des hôtelleries : ces voyageurs qui vont prier sur un lieu sacré sont nombreux au Moyen Âge (voir p. 43).

5 } De plus en plus riches

Peu à peu, certains monastères deviennent très riches. Des nobles leur donnent de l'argent et des terres en échange de prières. Les moines, bien organisés, fabriquent du vin, du miel, des fromages… Ces produits sont réputés et rapportent de l'argent. Des abbayes s'agrandissent, emploient des serviteurs, des paysans… L'abbé joue un grand rôle dans la vie de la région.

Hildegarde de Bingen, une moniale guérisseuse

Hildegarde de Bingen vivait au XIIe siècle dans un monastère d'Allemagne. Elle connaissait les secrets des plantes médicinales avec lesquelles elle soignait les malades.

Au monastère de Saint-Disibod...
Chère Jutta, merci d'accueillir notre fille chérie.
Elle sera bien ici, dans la maison de Dieu. Nous l'aimerons comme notre propre sœur.
Hildegarde, regarde ce jardin, c'est un vrai trésor !
Tu seras chargée, avec moi, d'en prendre soin.
C'est du lin. Avec les graines de la fleur, nous soignons les brûlures.
Suis-moi. Nous allons soigner un petit garçon qui vient d'arriver à l'hospice.
Tu fais cuire les graines de lin dans l'eau. Tu verses cette eau tiède sur ton linge bien propre et repassé...
LIN
Et tu le poses délicatement sur la brûlure, comme ça...
Ne t'inquiète pas. La brûlure va partir. Et tu n'auras pas de cicatrice.
Je n'ai presque plus mal...
C'est merveilleux, Dieu a mis dans la nature tous les moyens pour nous guérir !
Je vais continuer à chercher quelles plantes peuvent nous soigner, car moi aussi, j'aimerais guérir tous ceux qui viennent ici.
Vers l'âge de 16 ans, Hildegarde devient religieuse bénédictine. Elle suit la règle proposée par saint Benoit. Comme les autres sœurs, elle consacre sa vie à Dieu par le travail et en priant 7 fois par jour.
Le Seigneur est mon berger, je ne manque de rien...

Quelques années plus tard...
La nourriture peut soigner.
En mangeant de bons aliments, on peut éviter aussi de tomber malade.
Par exemple, mangez du fenouil ! Ce légume rend joyeux.
Et quand l'esprit est joyeux, le corps se sent mieux !
Parfois, j'ai mal au ventre...
Goûte l'épeautre. C'est la meilleure des céréales ! Elle se digère très bien et fortifie le corps.
Dans ce livre, tu trouveras la recette du pain d'épeautre.
Il te faut du gros sel, du levain, de l'eau tiède et de la farine d'épeautre.
Les bons aliments donnent une bonne santé à l'homme...
Dieu a mis une force de vie dans la sève de la plante comme dans le sang de l'homme.

* *Scivias* vient de l'expression latine « *Sci vias Domini* » qui veut dire « Connais les chemins du Seigneur ».

C'est trop dur ! Je ne suis pas un ouvrier, moi !
C'est un travail comme un autre. Si ça ne te plaît pas, tu peux décider de partir…
Et 15 ans plus tard, l'abbaye de Rupertsberg est enfin terminée.
La La La ! La La La La !
La La La La
La musique rappelle aux hommes le paradis d'où ils viennent. Elle leur rappelle qu'ils parlaient la langue des anges.
Là où il y a une telle musique, il ne peut pas y avoir de mal.
Hildegarde compose des cantiques.
Quelques années plus tard.
Mes sœurs, je vais m'absenter quelque temps. Il me faut annoncer à tous que Dieu nous aime, que sa création est belle.
Que chacun se montre digne de Dieu, de Sa beauté, en se comportant de manière digne et respectueuse.
Surtout vous, hommes d'Église et vous, hommes puissants ! Aimez les pauvres plutôt que les richesses !

Hildegarde quitte cette terre, en 1179, à l'âge de 81 ans. Depuis, les médecins se sont inspirés de ses livres sur les plantes et de ses conseils pour se nourrir. En 2012, le pape Benoît XVI l'a canonisée et proclamée docteure de l'Église. Par ce geste, l'Église reconnaît la profondeur de sa foi et l'intelligence de sa pensée.

FIN

De nombreux ordres

Les moines sont organisés en familles religieuses, les « ordres ». Trois grands ordres ont été créés au Moyen Âge.

1 } Les bénédictins

Au VIe siècle, l'Italien Benoît de Nursie se retire dans une grotte pour prier. Il est rejoint par d'autres ermites et définit une règle de vie très simple dont la devise est *Ora, labora et lectio divina* (« prière, travail et lecture des écritures saintes »). Le travail artisanal et agricole est valorisé dans les monastères bénédictins. Hildegarde de Bingen était bénédictine (voir p. 67).

2 } Les cisterciens

Créé au XIe siècle à Cîteaux, en Bourgogne, l'ordre des cisterciens recherche le dénuement et prône le travail manuel. Il confie les travaux des champs à des frères convers, des laïcs qui restent toute leur vie au couvent.

3 } Les franciscains

À la fin du XIIe siècle, François d'Assise naît dans une riche famille de marchands. Jeune homme, il fait vœu de pauvreté et fonde l'ordre des frères mineurs, également appelés franciscains. Les membres de cet ordre tentent de vivre dans la simplicité et la fraternité.

Sainte Claire
Disciple de François d'Assise, Claire crée l'ordre des pauvres dames, ou clarisses, sur le même modèle que celui des franciscains.

Cluny, la plus grande abbaye d'Europe

Fondée au XIe siècle, en Bourgogne, l'abbaye de Cluny accueille à ses débuts douze moines bénédictins. Son influence croît rapidement et on construit une énorme église, la *Major Ecclesia*, qui restera longtemps la plus grande d'Europe. Pendant deux siècles, ce lieu attire de nombreux pèlerins et devient un centre d'études important grâce à sa riche bibliothèque. Les guerres de Religion et la Révolution française ont raison de l'abbaye dont il ne reste que 10 % des bâtiments aujourd'hui.

Qui étaient les templiers ?

Au XIIe siècle, l'ordre religieux et militaire des Templiers est fondé par des chevaliers. Ils sont chargés de protéger et d'escorter les pèlerins vers Jérusalem. Devenus riches et puissants, les templiers ont rendu jaloux le roi de France. En 1314, Philippe le Bel les fit arrêter pour s'emparer de leurs richesses. Les templiers périrent sous la torture ou sur le bûcher.

Les bâtisseurs de cathédrales

Des milliers d'artisans participent à la construction de la cathédrale d'Amiens, une des plus grandes d'Europe.

1218. L'architecte Robert de Luzarches propose un plan de cathédrale à l'évêque d'Amiens.
Cette cathédrale remplacera notre ancienne église qui a brûlé dans un incendie.
Elle sera immense !
Deux ans plus tard, le chantier commence. Les blocs de pierre sont extraits des carrières.
Nous suivons un modèle pour tailler les pierres. Ainsi la cathédrale sera plus vite construite.
Le maître d'œuvre embauche des centaines d'artisans.
Vous serez payés après chaque tâche effectuée.
Nous venons de toute la région.
Des terrassiers creusent des tranchées pour les fondations.
Il faut creuser à plus de 8 mètres dans le sol.
Quelques années plus tard...
Le travail avance vite ! Cette partie de la nef est presque terminée.

1260. Le chantier se poursuit. Le maître verrier fabrique et colore le verre pour créer un vitrail.
Ce bleu rappelle le pastel, la couleur de notre ville.
Puis le vitrail est décoré par un peintre et assemblé.
Doucement ! C'est très fragile !
Tandis que les sculpteurs travaillent dans leur loge…
Cette gargouille évacuera l'eau de pluie.
… en haut des échafaudages, les maçons construisent la voûte.
Attention ! Plusieurs artisans ont déjà eu un accident !
Enfin c'est le moment de poser la clé de voûte, une opération très délicate.
Il faut maintenant l'ajuster pour qu'elle rentre parfaitement !
C'est bon ! Nous l'avons !
1270. La cathédrale est presque terminée, les habitants sont impressionnés.
On dirait que la voûte est suspendue dans les airs.
Comme c'est lumineux !
Quel grand espace !

Enfin, la cathédrale est inaugurée. Une grande fête a lieu sur le parvis.
Avec ses statues peintes, la façade est magnifique !
FIN

Les cathédrales, des vaisseaux de pierre

1 } Les églises romanes

Au XIe siècle, chaque monastère, ville ou village bâtit son église. Avec ses murs épais, ses voûtes de pierre et ses petites fenêtres, ces églises sont dites de style « roman », inspiré par l'ancienne architecture romaine.

2 } La naissance des cathédrales

Le nombre croissant de croyants et le développement des villes nécessitent des églises plus grandes : les cathédrales. Ce sont les églises des évêques, les prêtres responsables de toutes les églises d'une région. Elles sont bâties pour rendre hommage à Dieu mais deviennent aussi le symbole du pouvoir de l'évêque. Les villes rivalisent entre elles pour bâtir la cathédrale la plus haute.

Des sous !
Cela coûte très cher de bâtir une cathédrale. Dans l'Oise, Saint-Pierre de Beauvais devait être la plus grande cathédrale d'Europe, mais elle n'a jamais été achevée, faute d'argent…

3 } L'art gothique

Avec la progression des techniques, un nouveau style apparaît : le style gothique. Ce nom, qui fait référence aux Goths, est donné, après le Moyen Âge, par les architectes de la Renaissance. La cathédrale gothique a des murs fins, élevés, de hautes fenêtres qui laissent passer la lumière, et de magnifiques vitraux.

4 } Sur le chantier

La construction d'une cathédrale dure au moins cinquante ans si l'argent ne manque pas. Un grand nombre d'ouvriers travaillent sur le chantier : architectes, tailleurs de pierre, maçons, menuisiers, verriers, forgerons, sculpteurs… Ils peuvent être entre 100 et 500. L'hiver, le chantier s'arrête en raison du froid.

La cage à écureuil
C'est la grue du Moyen Âge. Un ou deux hommes placés à l'intérieur de cette « cage » en forme de roue la faisaient tourner pour faire monter des matériaux lourds.

Les trésors de Notre-Dame de Paris

Ce sont les trois grandes rosaces qui ont été construites au XIIIe siècle. Les deux plus grandes font 13 mètres de diamètre. Pour les voir achevées, le roi Louis IX (voir p. 86) retarda son départ pour la croisade, en 1270. Chaque médaillon représente un personnage, saint, ange, roi ; des scènes illustrent les vices et les vertus, les travaux saisonniers, les signes du zodiaque…

5 } Des lieux de vie

Les cathédrales sont de magnifiques lieux de culte, avec leurs formes élancées, leurs vitraux colorés qui racontent la vie des saints, leurs nombreuses statues recouvertes de peintures éclatantes. Mais on vient aussi s'y promener en famille, ou assister à des spectacles qui ont lieu sur le parvis.

L'essor des villes

À partir du XIIe siècle, les villes attirent de plus en plus de monde et connaissent un développement important.

1 } Des rues étroites

La ville est souvent entourée de remparts, avec des entrées fortifiées. Le soir, on ferme les portes. Les rues sont étroites et sombres. Au centre, une rigole recueille les eaux de pluie et les déchets jetés des étages. Autant dire que la rue est boueuse et sent très mauvais.

2 } Les maisons à colombages

La plupart des maisons sont en bois, celles des plus riches en pierre et brique. Beaucoup de maisons ont des colombages, c'est-à-dire un squelette de poutres de bois, qui apparaît sur la façade. L'utilisation des lanternes et chandelles entraîne des incendies fréquents. La ville de Rouen brûla six fois au XIIIe siècle !

Le couvre-feu
À la tombée de la nuit, la cloche sonne pour signaler qu'il faut « recouvrir les feux » pour éviter tout incendie. Aujourd'hui le couvre-feu désigne une interdiction de circuler la nuit.

3 } Qui vit là ?

La ville attire tous ceux qui cherchent du travail. Y passent aussi colporteurs ou musiciens, qui vont de ville en ville pour gagner leur vie. Tous ces gens ont besoin de nourriture et de vêtements. Des marchands et des artisans ouvrent donc des boutiques. Ils se regroupent souvent par métier dans une même rue.

Paris au Moyen Âge

À la fin du XIIIe siècle, Paris compte 200 000 habitants. C'est la plus grande ville d'Occident. Elle est entourée de remparts qui ont été construits au XIIe siècle, sous le règne de Philippe Auguste. Ce même roi a fait bâtir une forteresse pour défendre sa capitale : le Louvre. Sur cet emplacement se trouve aujourd'hui le musée du Louvre.

4 } Les bourgeois

En grandissant, la ville se libère de la tutelle du seigneur voisin et ce sont les habitants du bourg, les bourgeois, qui la dirigent. Des maires et des conseillers sont nommés. Une maison commune est créée : l'hôtel de ville. Dans certaines villes, un beffroi est accolé à l'hôtel de ville. C'est une tour de guet et un symbole de puissance de la ville.

5 } L'importance des foires

Certaines villes commerçantes se développent rapidement grâce aux foires. Ces manifestations peuvent durer des semaines et des marchands du monde entier s'y retrouvent pour vendre des tissus, des épices, des parfums... Des monnaies très différentes circulent : le poids du métal, souvent de l'argent, détermine la valeur de la pièce.

Margot, fille de drapier

Dans la ville médiévale, beaucoup d'enfants travaillent jeunes. Ils apprennent souvent le métier de leurs parents, comme Margot.

À 8 ans, Margot apprend à coudre, à broder, à tisser, à couper des draps de laine, de lin et de velours. Ces étoffes servent à fabriquer des habits pour les bourgeois et les seigneurs.

Avec sa mère, Margot apprend à compter et à lire. En effet, il faut qu'elle sache rendre la monnaie, noter le nom des clients... En ville, de petites écoles existent pour les garçons.

Margot participe à de nombreuses fêtes. Elle joue dans des pièces religieuses. Avec ses amies, elles forment une haie d'honneur quand le roi ou un prince vient en ville.

La famille de Margot habite au-dessus de l'échoppe, dans une pièce chauffée par une cheminée. Le lit est un meuble de luxe, réservé aux plus riches. Margot y dort avec ses petits frères et sœurs.

Le XIIIe siècle

Vers 1250

La vie des enfants nobles

Tristan est le fils d'une dame et d'un seigneur. Il passe son enfance au château fort entre ses parents et les serviteurs avant de devenir page et de quitter sa famille.

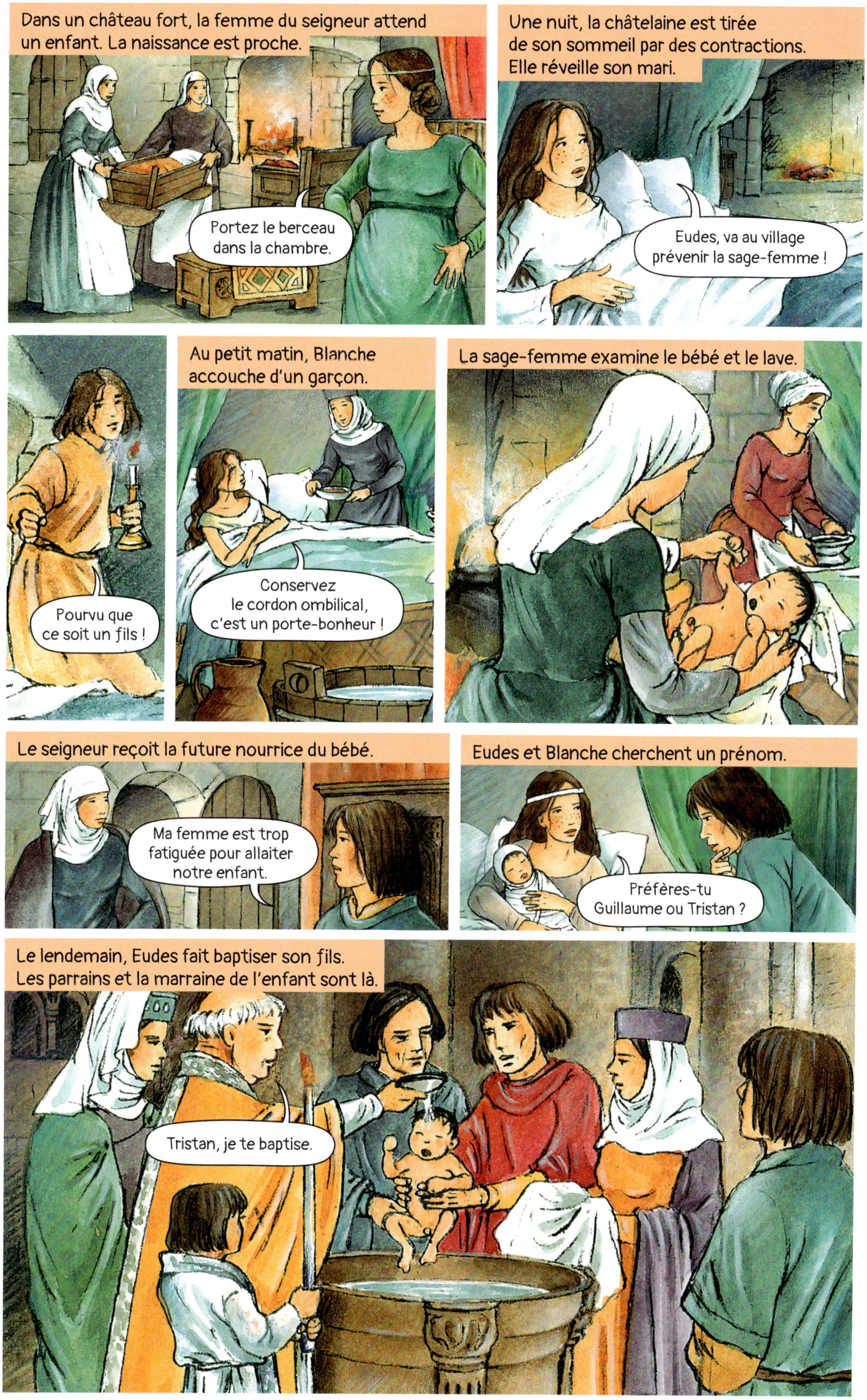
Dans un château fort, la femme du seigneur attend un enfant. La naissance est proche.
Portez le berceau dans la chambre.
Une nuit, la châtelaine est tirée de son sommeil par des contractions. Elle réveille son mari.
Eudes, va au village prévenir la sage-femme !
Pourvu que ce soit un fils !
Au petit matin, Blanche accouche d'un garçon.
Conservez le cordon ombilical, c'est un porte-bonheur !
La sage-femme examine le bébé et le lave.
Le seigneur reçoit la future nourrice du bébé.
Ma femme est trop fatiguée pour allaiter notre enfant.
Eudes et Blanche cherchent un prénom.
Préfères-tu Guillaume ou Tristan ?
Le lendemain, Eudes fait baptiser son fils. Les parrains et la marraine de l'enfant sont là.
Tristan, je te baptise.

Six ans plus tard, Tristan déjeune dans la cuisine du château.
Veux-tu une pomme cuite ?
Il étudie avec son précepteur et lit à voix haute l'alphabet dans un abécédaire.
Encore. Et applique-toi !
Sur les remparts, Tristan tient un faucon sur son poing. Il apprend à le dresser avec son père.
Je suis impatient de t'emmener à la chasse.
Dans la cour du château, armé d'une épée de bois, il s'initie à l'escrime avec les pages.
Touché !
Blanche soigne avec de la graisse de poule le mal de dents de la sœur de Tristan.
Après, je regarderai si tu as des poux.
Un trouvère, de passage au château, raconte une histoire de chevaliers qui passionne Tristan.
Bientôt, Tristan sera page au service du seigneur Amaury.
FIN

L'enfance au Moyen Âge

1 } À la naissance

L'accouchement est toujours un moment redouté, car la mère comme l'enfant peuvent mourir. Les familles riches se payent les services d'une sage-femme. La mère allaite son enfant au sein ou embauche une nourrice. Cette femme, qui vient aussi d'avoir un enfant, nourrit ce deuxième bébé, en plus du sien.

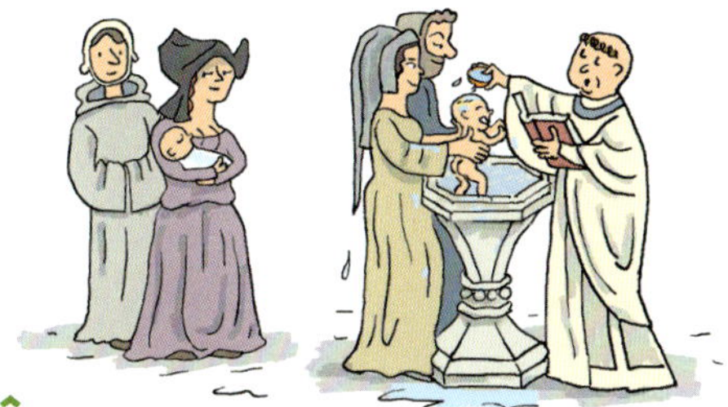

2 } Le baptême

Les enfants sont baptisés très tôt. Le prénom choisi est souvent celui d'un parent proche. On y ajoute un surnom lié au caractère : Jeanne la Rieuse, Martin le Gourmand... L'enfant peut aussi porter le nom d'un héros ou d'un animal : Lancelot, Faucon...

3 } Au travail !

Les enfants du peuple travaillent jeunes pour aider leurs parents. Ils ramassent du bois, récoltent les fruits et légumes, gardent les troupeaux, vont chercher de l'eau, font le ménage. En ville, ils vendent des chandelles, tiennent la caisse du magasin. À 12 ans, un garçon peut être apprenti menuisier, forgeron, couturier...

4 } À l'école

Les garçons des familles riches ont un maître à la maison, un précepteur, ou vont à l'école du monastère. Il arrive que des filles soient instruites, mais elles restent plutôt auprès de leur mère à tisser ou à broder. Au IXe siècle, Charlemagne développe l'école pour que plus d'enfants sachent lire, écrire, compter (voir p. 15). Mais il faut attendre le développement des villes à partir du XIIe siècle pour que les écoles se multiplient. En effet, les marchands ont besoin que leurs enfants soient instruits pour les aider au magasin.

Aïe, aïe, aïe !
Le maître n'hésite pas à frapper les élèves. Il le fait avec une férule en bois, une sorte de bâton, ou un fagot de branches de saule.

Les jeux au Moyen Âge

Les enfants ont peu de jouets fabriqués pour eux : un cheval de bois, un tambour, des toupies, des échasses, des poupées, un cerceau. Beaucoup de jeux sont des objets banals : les noix servent de billes, les petits os, d'osselets ; on chevauche un tonneau ou on crie dedans ; on attrape une bouteille au bout d'une ficelle. Comme dans la cour de récréation aujourd'hui, on joue aussi à saute-mouton, à colin-maillard, à la course, à la ronde...

5 } Le cartable médiéval

L'écolier porte une sacoche en cuir ou en tissu accrochée à sa ceinture. À l'intérieur, une tablette de bois recouverte de cire, avec un manche. On écrit dessus avec un stylet. Les livres sont très rares et restent dans la classe.

Louis IX, un grand roi chrétien

Louis IX est couronné à 12 ans. Sa mère, Blanche de Castille, exerce le pouvoir durant sa jeunesse. Ce roi a défendu les plus pauvres et a changé la justice. Après sa mort, il devient Saint Louis.

En 1234.
Louis, tu as vingt ans, il est temps de te marier... Je t'ai choisi une femme. C'est Marguerite, la fille du comte de Provence.
Quelques mois plus tard, le roi part à Sens où son mariage doit avoir lieu.
Louis, tu vas faire attendre ta fiancée !
J'avais besoin de prier, petit frère... je suis un peu inquiet.
Tu n'as jamais vu Marguerite ?
Jamais, Robert. Je sais juste qu'elle a treize ans et que son père lui donne une partie de la Provence en cadeau de mariage.
Ainsi, mon royaume va s'agrandir.
Dégage, chien galeux !
ARRÊTEZ !
Viens avec moi au château, je te donnerai de quoi manger.
Louis, la charité a des limites !
Non !
Dieu m'a tout donné et, toi, tu voudrais que je sois moins généreux que lui ?
Pendant ce temps, à Sens, chez Marguerite de Provence.
Mon oncle, dites-moi, comment est le roi ?
Marguerite, ton fiancé est le modèle des chevaliers ! Courageux, beau, savant, mais...
... on dit qu'il aime tellement Dieu qu'il passe des heures entières en prière.
Et moi, est-ce qu'il m'aimera ?
Le 27 mai 1234, Louis épouse Marguerite dans la ville de Sens.
Quelques semaines plus tard...
Louis, partir en croisade est une folie. Tu ne peux pas abandonner ton royaume !
Mère, Jérusalem est occupée par le sultan d'Égypte et les pèlerins chrétiens ne peuvent plus y entrer. Je dois y aller.
Quand partirez-vous ?
Quand je serai sûr que tout va bien dans mon royaume.
J'ai envoyé des enquêteurs dans tout le pays. Je veux savoir si la justice est respectée.

En juin 1248, l'armée royale est enfin prête. Louis IX, sa femme et ses trois frères quittent Paris.
Mère, je vous confie la garde de mon royaume et de mes enfants.
J'en prendrai soin.
Mais je mourrais de chagrin si tu étais tué là-bas !
Deux mois plus tard, la flotte des croisés quitte le port d'Aigues-Mortes.
PARIS
AIGUES-MORTES
CONSTANTINOPLE
TUNIS
St JEAN D'ACRE
DAMIETTE
LE CAIRE
JERUSALEM
SULTANAT D'EGYPTE
Juin 1249. Les croisés approchent des côtes d'Égypte.
Sire, pourquoi aborder en Égypte ?
Le sultan d'Égypte occupe Jérusalem. Si nous envahissons son pays il abandonnera la ville sainte.
Nous débarquerons à Damiette, puis nous marcherons vers Le Caire, c'est là que vit le sultan.
Le Caire
Damiette
Dès leur arrivée, les croisés prennent Damiette.
Arrêtez ! Nous sommes des soldats de Dieu, pas des pillards !
Sire, vous n'y pouvez rien ! Ils considèrent le pillage comme leur récompense.
Je ne peux pas les laisser faire !
Si vous les en empêchez, ils se révolteront contre vous !
Quelques moi plus tard, les croisés partent pour Le Caire. Mais la route est défendue par la citadelle de Mansoura.
Sire, gardez-vous à droite !

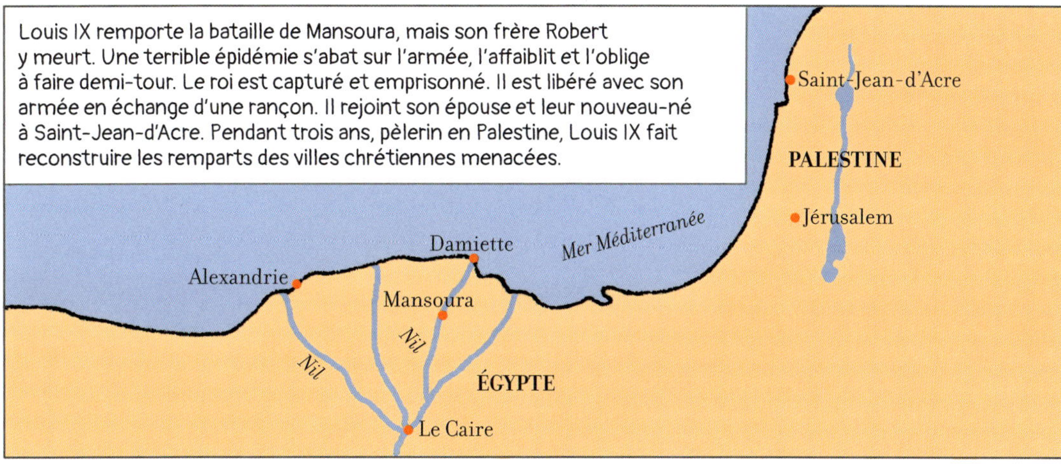
Louis IX remporte la bataille de Mansoura, mais son frère Robert y meurt. Une terrible épidémie s'abat sur l'armée, l'affaiblit et l'oblige à faire demi-tour. Le roi est capturé et emprisonné. Il est libéré avec son armée en échange d'une rançon. Il rejoint son épouse et leur nouveau-né à Saint-Jean-d'Acre. Pendant trois ans, pèlerin en Palestine, Louis IX fait reconstruire les remparts des villes chrétiennes menacées.
Saint-Jean-d'Acre
PALESTINE
Jérusalem
Mer Méditerranée
Damiette
Alexandrie
Mansoura
Nil
Nil
ÉGYPTE
Le Caire

Le roi rentre en France en 1254. Son absence a duré six ans.
Vive le roi !
C'est un saint !
Il était prêt à mourir pour sauver les prisonniers !
Marguerite, la croisade a échoué. Je ne suis plus digne de régner.
Que feras-tu ?!
J'irai dans un monastère pour vivre dans la pauvreté et prier.
Tu veux abandonner tes enfants et ton peuple ?
Dieu t'a fait roi. Tu ne peux pas renoncer !
Mais comment me montrer digne de la tâche qu'il m'a confiée ?
Le roi décide de renoncer aux richesses et d'améliorer la justice dans son royaume.
Un peu plus tard.
Regardez notre roi ! Maintenant, il s'habille comme un pauvre !
Et il invite des mendiants à sa table !
Mais il y a plus grave…
Désormais, les seigneurs n'auront plus le droit de juger comme ils veulent ceux qui vivent sur leurs terres !
Mais pourquoi ?!
Pour éviter les injustices, messires.

Louis IX a suivi les idées de son temps en partant en croisade à deux reprises. Il meurt le 25 août 1270, à 54 ans, lors de la huitième croisade. C'est la fin des grandes croisades. Poussé par sa foi, Louis IX a marqué l'histoire en voulant faire régner plus de justice et de paix dans son royaume. L'Église le considère comme un exemple de roi chrétien : elle en a fait un saint.

FIN

Souverains du Moyen Âge

Voici quelques rois de France qui ont marqué leur époque.
Voir page 16, la liste de tous les rois français du Moyen Âge.

1 } Hugues Capet (939-996), un roi élu

Il est comte de Paris et très respecté. Alors, en 987, les grands seigneurs l'élisent roi des Francs. Cette élection marque la vraie naissance de la France. De son vivant, Hugues Capet fait élire son fils pour garder le pouvoir dans sa famille. Après lui, on devient roi de père en fils

2 } Philippe Auguste (1165-1223), le conquérant

Il combat sans cesse les rois d'Angleterre et multiplie par quatre la taille de la France. Il fait de Paris la capitale du royaume et y fait construire la forteresse du Louvre. Son nom Auguste vient du fait qu'il est né en août (*augustus* en latin).

3 } Louis IX (1214-1270), devenu saint

Petit-fils de Philippe Auguste, il devient roi à 12 ans. Très croyant, ce roi prie beaucoup et s'occupe des pauvres et des malades. Mais, sous son règne, les juifs sont maltraités et les cathares, des chrétiens qui rejettent l'Église de Rome, sont tués. Il part en croisade à deux reprises. Il crée les premières monnaies royales. Il est le seul roi canonisé : le pape fait de lui un saint.

L'importance du sacre

Lors du couronnement, le roi est placé au-dessus du reste des hommes. On dit qu'il tient son pouvoir de Dieu.
Il reçoit des insignes qui ont tous un sens :

- la **couronne** est ornée de **fleurs de lys**, signe de pureté ;
- la **main de justice** est symbole de paix et de justice ;
- le **sceptre** marque le pouvoir du roi ;
- l'**épée** est l'emblème de l'autorité militaire du roi sur ses vassaux.

La cathédrale de Reims

Cette cathédrale gothique est située en Champagne. Clovis, le premier roi des Francs, est baptisé dans l'église qui précédait cette cathédrale.
À partir du XIe siècle, presque tous les rois de France sont sacrés ici.

4 } Philippe le Bel (1268-1314), le roi de fer

Il renforce le pouvoir royal et consolide les frontières du pays. Il se rend impopulaire en créant de nouveaux impôts. Jaloux des Templiers, de riches chevaliers, il les fait arrêter, torturer et s'empare de leurs richesses.

5 } Louis XI (1423-1483), le malaimé

Réputé pour sa laideur, il est un roi autoritaire, sans pitié pour ses ennemis. Il agrandit le royaume et développe le commerce. Il se déplace sans cesse : en une an, il peut habiter 80 lieux différents. Il est passionné par la chasse à courre et la fauconnerie.

À l'attaque du château fort !

Le château fort est le symbole du Moyen Âge en Europe. Découvrez le danger qui guette le château du seigneur Gautier, en pleine guerre de Cent Ans.

Dame Bertrande, épouse du seigneur Gautier, regarde son mari partir avec inquiétude.
J'ai peur. On dit que le Prince Noir rôde dans la région.
Mais Gautier aime trop chevaucher et chasser le sanglier.
Pourtant...
C'est étrange, toutes ces traces de chevaux, ici, en pleine forêt.
Soudain, des cliquetis d'armes alertent Gautier.
Par le diable, des Anglais !
Gautier empoigne un soldat anglais. Que fait-il sur ses terres ?
Qui est ton maître ? Parle ou tu serviras de pâtée à mon chien !
Le Prince Noir ! Je suis son éclaireur. Il arrive et ne fera qu'une bouchée de vous !
Vite, Colin ! Au château ! Il n'y a pas une seconde à perdre !
L'alerte est donnée au village du château. Vite, le bétail, les provisions ! Il faut fuir.
Venez ! Le seigneur Gautier vous protégera.

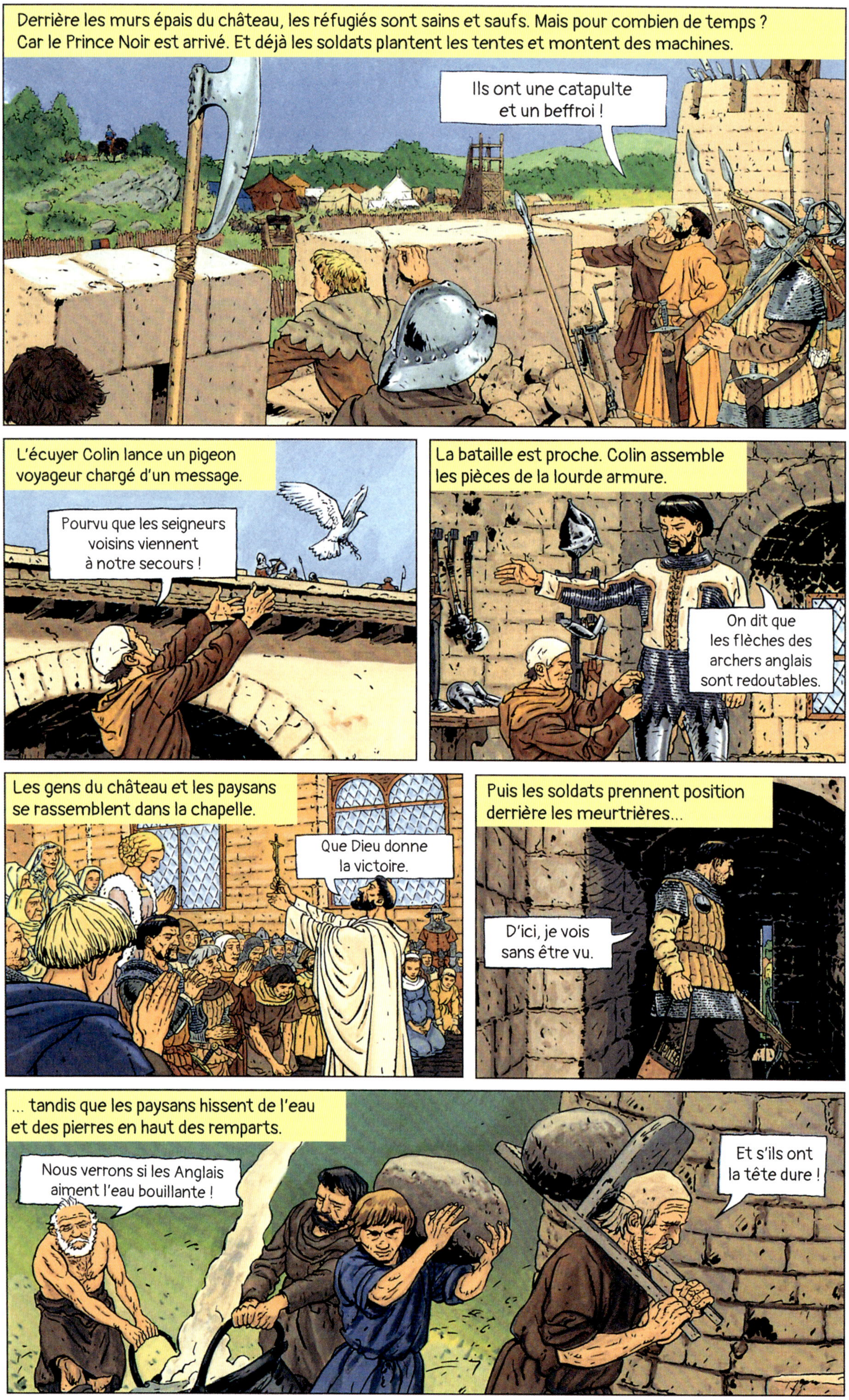
Derrière les murs épais du château, les réfugiés sont sains et saufs. Mais pour combien de temps ? Car le Prince Noir est arrivé. Et déjà les soldats plantent les tentes et montent des machines.
Ils ont une catapulte et un beffroi !
L'écuyer Colin lance un pigeon voyageur chargé d'un message.
Pourvu que les seigneurs voisins viennent à notre secours !
La bataille est proche. Colin assemble les pièces de la lourde armure.
On dit que les flèches des archers anglais sont redoutables.
Les gens du château et les paysans se rassemblent dans la chapelle.
Que Dieu donne la victoire.
Puis les soldats prennent position derrière les meurtrières...
D'ici, je vois sans être vu.
... tandis que les paysans hissent de l'eau et des pierres en haut des remparts.
Nous verrons si les Anglais aiment l'eau bouillante !
Et s'ils ont la tête dure !

Soudain, des coups sourds retentissent. Les Anglais veulent forcer l'entrée.
Misère ! Le bélier va enfoncer la herse !
BRAMM BRAMM
Gautier lance un ordre. Aussitôt une pluie de pierres et d'eau bouillante s'abat sur les Anglais.
AAAAAHHH !!
Mais les attaques se multiplient...
Alerte ! Un feu de guerre !
Vite, des tissus humides pour étouffer le feu !
Lentement, le lourd beffroi roule vers la muraille.
Prêts à sauter ! Nous allons baisser la passerelle !
Le combat fait rage, mais Gautier ne faiblit pas.
Si je me rends, il faudra payer une rançon et céder mon château.
Des renforts ! Nous sommes sauvés !
FIN

À l'abri derrière les remparts

Le château abrite le seigneur et sa famille. Mais beaucoup de personnes vivent et travaillent à leurs côtés. L'enceinte fortifiée accueille la population des alentours en cas d'attaque.

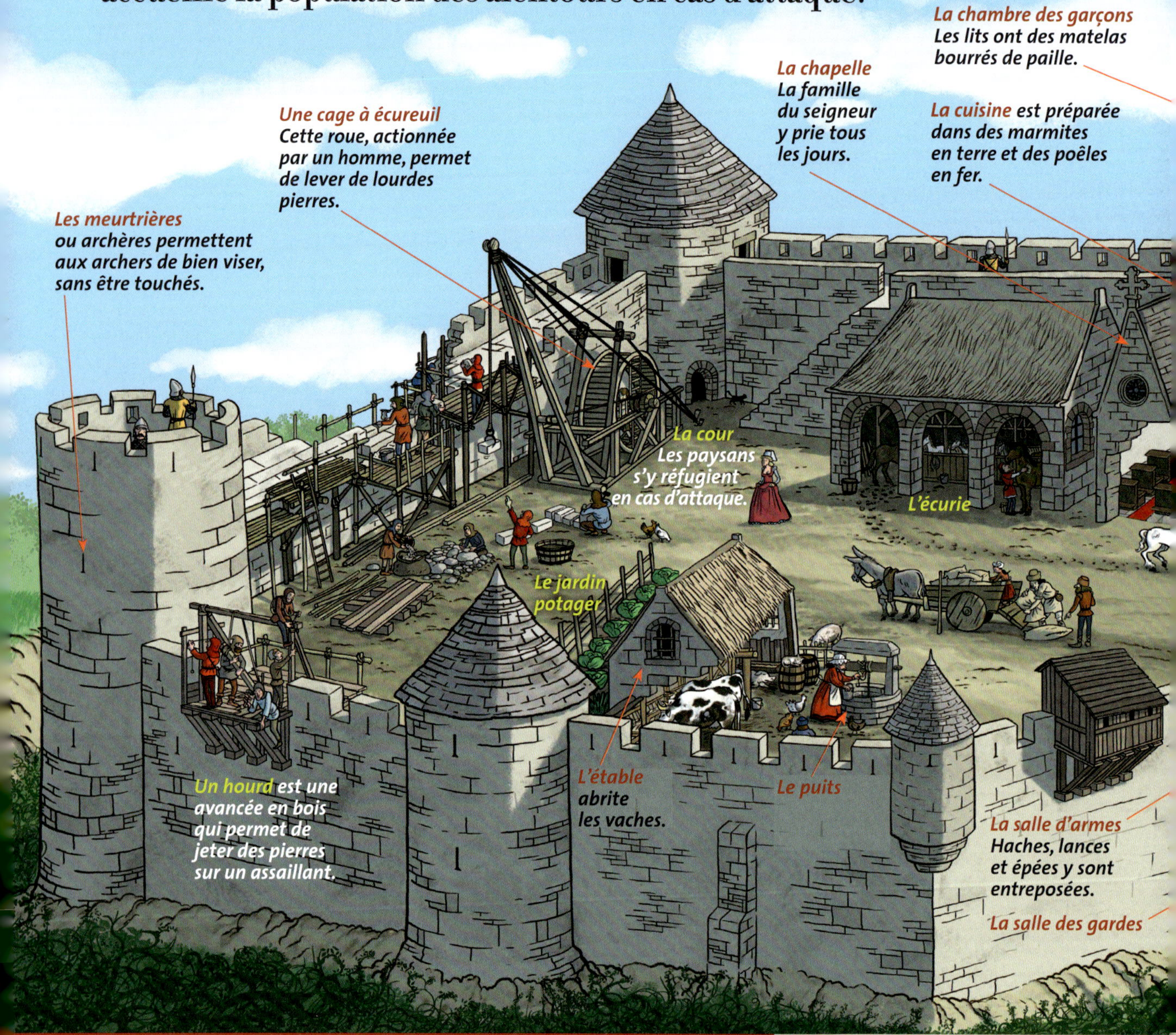

Quatre châteaux à visiter

Suscinio (Morbihan)
Construit au XIIIe siècle, au bord de l'océan Atlantique, ce château fut l'une des résidences des ducs de Bretagne qui venaient chasser dans la forêt proche. À la mort d'Anne de Bretagne, en 1514, il devient château royal. Entièrement restauré, il se visite et propose de nombreuses animations pour les jeunes.

Castelnaud (Dordogne)
Le premier château voit le jour au XIIIe siècle, sur un éperon rocheux au-dessus de la Dordogne. Disputé durant la guerre de Cent Ans, il est finalement repris aux Anglais par les Français en 1442, après un long siège. Il abrite aujourd'hui le Musée de la guerre au Moyen Âge et présente des armes, des armures et des machines de jet grandeur nature.

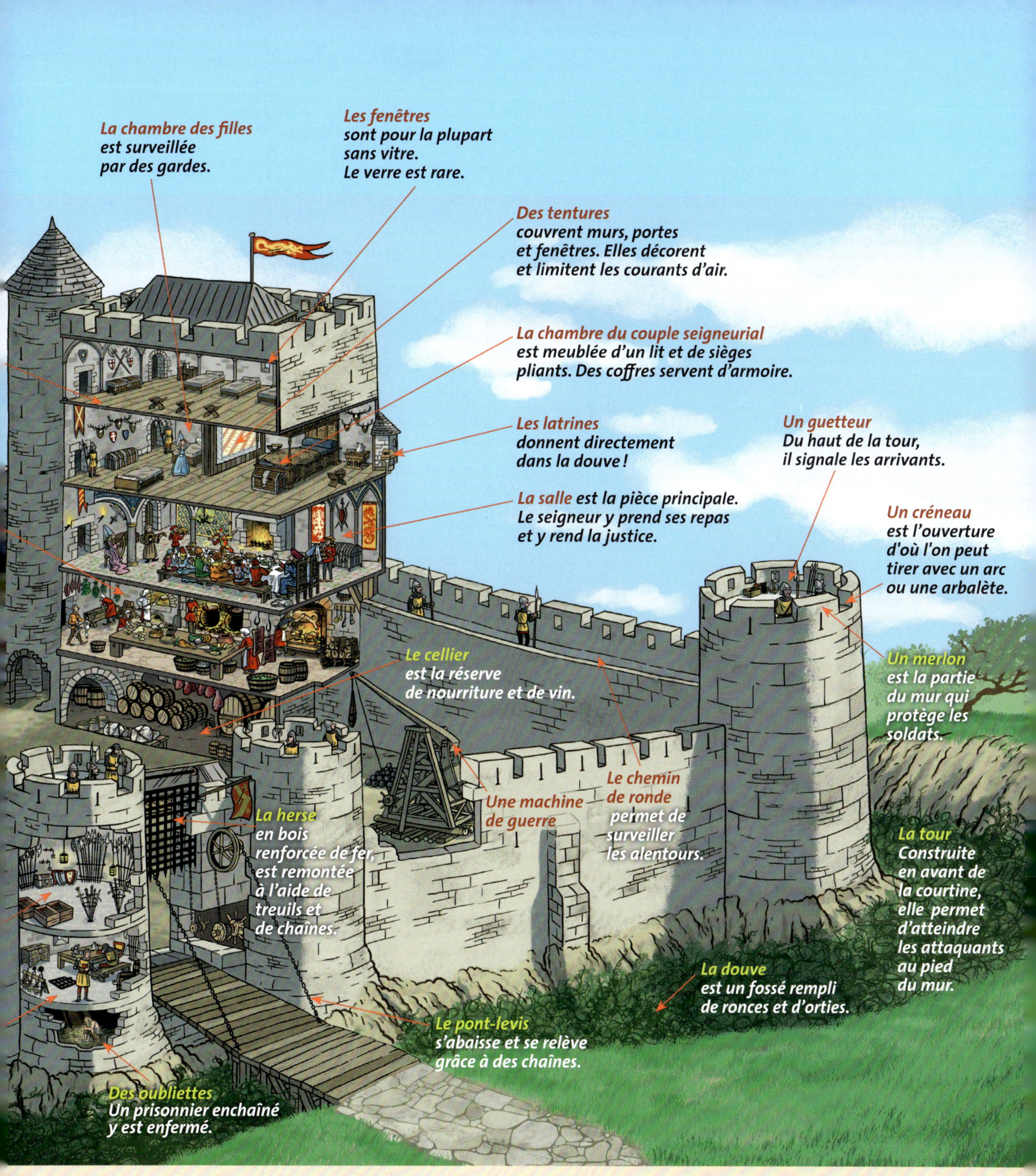

Cité de Carcassonne (Aude)

Dominant la plaine et le fleuve Aude, Carcassonne a été construite à un endroit stratégique pour sa défense. Sa première enceinte gallo-romaine est doublée au XIIIe siècle ; la cité est réputée imprenable durant le conflit avec l'Espagne au XVIIe siècle. Aujourd'hui le château, la basilique et le chemin de ronde accueillent 4 millions de visiteurs par an.

Guédelon (Yonne)

Au XXIe siècle, des artisans bâtissent un château comme au Moyen Âge. Leur vocation : montrer et expliquer au public comment on construisait un château au XIIIe siècle. Tailler la pierre, assembler un mur, monter une charpente : tout se fait avec des outils médiévaux pour mieux comprendre les techniques et les savoir-faire du passé. Un vrai voyage dans le temps !

Des châteaux forts imprenables ?

Au Moyen Âge, plus de 10 000 châteaux forts sont construits en Europe.

1 } Les châteaux à motte

Aux IXe et Xe siècles, les seigneurs construisent des châteaux de bois sur des collines ou des mottes de terre. Ils veulent se protéger des attaques extérieures, des Sarrasins venus du sud et des Vikings venus du nord. Ce château est souvent une simple tour entourée de palissades et de fossés. En contrebas, une cour close est destinée aux paysans : la basse-cour.

2 } Les châteaux de pierre

Trop faciles à brûler, les châteaux de bois laissent la place à des forteresses en pierre à partir du XIe siècle. Elles ont souvent un donjon carré et de hautes enceintes. Sous le règne de Philippe Auguste, au XIIIe siècle, les châteaux adoptent le même plan : des tours rondes aux angles, un donjon au centre ou en angle, des murs crénelés, un pont-levis et une entrée fortifiée.

Malin !
Philippe Auguste oblige les seigneurs à respecter la même architecture pour éviter qu'ils ne se fassent la guerre. « À quoi bon attaquer mon voisin, s'il a le même château que moi ? »

3 } Les usages du château

C'est d'abord un lieu de protection où l'on peut se réfugier en cas d'attaque. C'est la demeure du seigneur et de sa famille. C'est aussi là que le seigneur rend la justice en arbitrant les conflits qui ont lieu sur son fief. Enfin, le château permet de montrer sa puissance. Plus il est grand, plus son seigneur est riche !

Les secrets d'une bonne défense

Dans un château fort, tout est fait pour gêner l'assaillant et avantager le défenseur.

- **Les tours d'angle.** Elles sont saillantes, pour que les archers lancent mieux leurs flèches sur l'ennemi qui approche des murs.
- **Les escaliers à vis.** Leur pilier est placé à droite. Au Moyen Âge, tout le monde tient son épée de la main droite et un attaquant qui monte l'escalier est donc gêné pour manier son épée.
- **Les latrines** (ou W-C) construites sur l'extérieur des tours. On prévoit une latrine pour dix personnes. Une ruse consiste à construire plus de W-C que nécessaire, pour tromper l'ennemi.

4 } À l'assaut !

Un château fort n'est pas imprenable. C'est souvent au terme d'un long siège que l'ennemi parvient à y pénétrer. Toutes les ruses sont bonnes, y compris lancer des cadavres par-dessus les murailles pour diffuser des maladies… Au XVe siècle, l'apparition du canon condamne les châteaux forts. En effet, les boulets métalliques ouvrent des brèches dans les murailles.

La vie des seigneurs

Quand ils ne font pas la guerre, les seigneurs vivent dans leur château fort et sur leurs terres, la seigneurie.

1 } Le maître des terres

Le seigneur est un propriétaire terrien. Son domaine est divisé en deux parties. D'une part, la réserve est constituée des terres qu'il garde pour lui et fait cultiver par les paysans soumis aux corvées. D'autre part, les tenures sont les terres louées à d'autres paysans, les vilains (voir p. 50).

2 } Un château peu confortable

La demeure du seigneur est un lieu plein de courants d'air, pas très agréable. On s'éclaire à la bougie, on tire l'eau du puits, on se gèle dans des pièces dont les fenêtres n'ont pas de vitres. On y trouve au moins des latrines et parfois une étuve, un local pour le bain. Mais le seigneur et sa famille disposent d'un grand nombre de serviteurs.

3 } Une nourriture abondante

À une époque où les gens ont souvent faim, le seigneur se doit d'avoir une table toujours bien garnie pour montrer sa puissance. Lors d'un festin, la nourriture est si copieuse que les invités ne mangent pas tout. Ce qui reste est distribué aux pauvres et permet au seigneur de montrer sa générosité.

Les bons morceaux

Le seigneur se réserve la chair des oiseaux. Parce qu'ils volent et sont donc au-dessus des autres animaux, ils conviennent à ceux qui dominent la société. L'épaule d'agneau est aussi un morceau de choix réservé au maître du château.

4 } La chasse

Avec les tournois (voir p. 30), la chasse est le loisir préféré du seigneur. Elle se pratique « au vol » avec des oiseaux de proie dressés, comme les faucons. Ou « à courre », c'est-à-dire à cheval, avec une meute de chiens qui poursuivent le gibier. La chasse est un sport prestigieux où les seigneurs montrent leur adresse et leur endurance.

Le livre de chasse

Au XIVe siècle, le seigneur Gaston Phébus rédige un livre de chasse qui aura un grand succès pendant plusieurs siècles. Magnifiquement illustré, ce livre enseigne l'art de la chasse, la nature des bêtes et des chiens. Pour Gaston Phébus, le chasseur vivra vieux car l'exercice de la chasse l'aura fortifié.

Le service d'un festin

Servir un seigneur est un honneur et beaucoup de nobles participent au service d'un repas. Le rôle de chacun est très précis :

- **l'écuyer** tranchant découpe les viandes ;
- **le panetier** sert le pain ;
- **l'échanson** sert le vin qui est coupé d'eau. C'est une grande responsabilité car le seigneur craint d'être empoisonné.

Voyager au Moyen Âge

1 } Par les routes

Danger forêt !
Plus dense qu'aujourd'hui, la forêt effraie car on peut s'y perdre, et elle abrite des brigands qui détroussent le voyageur.

Héritées de l'Empire romain, les routes pavées construites pour déplacer les armées résistent bien. Au Moyen Âge, d'autres routes sont construites pour acheminer les marchandises d'une foire à l'autre et elles comportent des péages. On se déplace à pied pour les pauvres, avec un âne ou une charrette pour les marchands, à cheval pour les plus aisés.

2 } Se loger

Les églises et les monastères accueillent et soignent les voyageurs pauvres et les pèlerins (voir p. 43). Les hôtels se multiplient où le voyageur paye son gite, son couvert et le foin pour sa mouture. Dans certaines auberges, la promiscuité et les vols sont redoutés.

3 } En bateau

Sur les fleuves, des flottilles (ensembles de petits navires) acheminent les marchandises (vin, blé, sel) vers les grandes villes. Chaque fleuve a son type de bateau, construit pour résister au mieux aux caractères du cours d'eau ; par exemple la gabare sur la Garonne. Des bacs permettent aussi le passage d'un bord à l'autre de la rivière. Des villes en bord de mer, comme Venise et Hambourg, deviennent de grandes puissances.

4 } En mer

L'océan fait peur car on n'en voit pas la fin et des pirates y sévissent... Malgré tout, des routes maritimes longent les continents et font escale de port en port. Les Vikings (voir p. 17 à 23) sont les meilleurs navigateurs d'Europe. Ils traversent l'Atlantique jusqu'en Amérique ; ils atteignent Constantinople par les fleuves de Russie.

À la découverte du vaste monde

◆ Marco Polo (1254-1324)

Il quitte Venise à 17 ans et voyage pendant 24 ans en Asie. À cette époque, seuls les Chinois savent tisser la soie et des marchands traversent l'Europe et l'Asie pour acheter cette étoffe précieuse : on parle de la route de la Soie. Des épices, du thé, des pierres précieuses sont aussi échangées.

◆ Ibn Battûta (1304-1368)

29 ans d'exploration, 120 000 km soit trois fois le tour de la Terre, ce sont les records de ce grand voyageur arabe. Il quitte le Maroc à 22 ans pour accomplir le pèlerinage à la Mecque. Ses périples à cheval, en chameau, en bateau, le mènent à travers l'Afrique, l'Asie et en Andalousie.

Marco Polo découvre la Perse

Suis les aventures de ce jeune marchand né à Venise. Avec son père et son oncle, il est en route vers la Chine, en Extrême-Orient.

* C'est la langue de la Perse mais il existe aussi d'autres langues régionales.
** Salutation en arabe qui veut dire : « Que la paix soit sur vous. »

Le lendemain, les trois hommes continuent leur chemin. Ils circulent sur une des routes de la Soie.
Pourquoi cette route porte-t-elle ce nom ?
Parce que la soie vient de Chine. Elle est transportée depuis l'Antiquité. Cette étoffe habille les plus riches.
Ils parcourent une trentaine de kilomètres par jour.
Nous quittons la montagne. Que c'est beau ! Allons voir ce berger.
Encore plus loin, ils changent de monture.
Je garde vos chevaux pour des voyageurs qui partent vers l'Europe.
Prêt à grimper sur un chameau ?
CRIIIIIIIIII
Oui... J'espère qu'il ne va pas me mordre !
Marco teste sa nouvelle monture.
En avant ! Maintenant, en arrière.
Serrez les jambes. Plus souple !
Puis à dos de chameau, les hommes traversent d'immenses plaines.
Ces chameaux sont moins gourmands que les chevaux. Ils mangent juste des touffes d'herbe.
Et on est bien assis entre leurs bosses de graisse !
Plus loin, ils entrent dans un désert salé, le Dacht-e Kavir.
Vous avez remarqué ce guépard qui n'arrête pas de nous suivre ?
Soyons prudents...
Quelques jours plus tard, la chaleur est infernale.
C'est long. Je n'en peux plus.
Courage, Marco. Tiens bon !
Comment ça va ? Tu t'es évanoui. Bois encore et mange ces dattes.
Nous sommes loin de tout. Faisons une halte.
Ce soir-là, ils dorment à la belle étoile.
Ron, pchi, ron, pchi...

* Une grande auberge avec des lieux pour stocker les marchandises et abriter les animaux.
** Une tour à vent.

Après un long séjour à Yazd, les trois hommes font un détour qui les éloigne de la Chine.
Direction le sud et Ormuz, au bord de la mer. Nous allons voir des bateaux.
Quelle aventure !
Soudain, un danger les menace...
Une tempête de sable !
Je ne vois plus rien !
Viens par ici.
Au secours !
HOU HOU HOUUUU
J'entends des voix.
Nous aussi !
Enfin, la tempête faiblit.
Des brigands. Nous sommes perdus !
Regardez, il y a des tapis, des fourrures, des verres avec de l'or !
Messieurs les marchands, nous allons alléger vos bagages...

Après cette mésaventure, Marco, son père et son oncle apprécient d'être encore en vie.
Ils auraient pu nous tuer ou nous emmener pour nous vendre comme esclaves.
Ils n'ont pas tout volé !
Mes jambes n'arrêtent pas de trembler.
J'ai encore ma pierre précieuse ! Je suis sûr qu'elle nous a protégés.
Ils arrivent enfin à Ormuz.
Tu vois de l'autre côté de la mer, c'est la terre d'Arabie.
Au port, ils assistent à un débarquement qui les intrigue.
Cette bête est étonnante ! C'est la première fois que j'en vois.
Comme elle est grande !
Puis ils vont observer des navires appelés des boutres.
J'espérais trouver des bateaux plus robustes pour le commerce.
Ces boutres sont cousus avec du fil. Ils ne peuvent pas naviguer en haute mer.
Après l'étape à Ormuz, les trois marchands repartent vers le nord de la Perse.
Combien de kilomètres nous reste-t-il à faire pour arriver en Chine ?
Quatre mille peut-être ? Une ou deux années de plus, c'est sûr !
Notre voyage est loin d'être terminé…
Je suis prêt à tout pour explorer le monde !
FIN

Le temps des malheurs

Aux XIVe et XVe siècles, l'Europe perd un tiers de sa population ! À cause de différents fléaux…

1 } Une période de refroidissement

Le XIVe siècle est le début du « petit âge glaciaire ». Les glaciers avancent, les étés sont plus frais et les hivers plus rudes. Cela a des conséquences catastrophiques sur les récoltes. La population ayant beaucoup augmenté lors des siècles précédents, c'est le retour de la famine.

2 } La « famine de pluie » de 1315

Suite à une année très pluvieuse, les récoltes de l'été 1315 sont inférieures de moitié à celles d'une année moyenne. Les deux années qui suivent verront la mort de 5 à 10 % de la population française. Les gens meurent de faim ou de maladies liées à la malnutrition.

3 } Les épidémies

Au Moyen Âge, l'origine des maladies n'est pas connue et on ne sait pas comment les soigner. La seule manière de se protéger est d'être bien nourri. En cas de famine, les maladies se propagent donc vite. Pourtant habitués à la mort, les gens vont être terrifiés par une maladie extrêmement contagieuse : la peste.

La mort n'attend pas !
Au Moyen Âge, un enfant sur trois meurt avant l'âge d'un an, de maladie comme la rougeole ou la coqueluche.

4 } La peste noire

Venue d'Asie, la peste arrive en Europe en 1347, à bord des bateaux qui accostent dans les ports de Méditerranée. À l'époque, on ignore que le germe responsable est véhiculé par les puces du rat. En passant à l'homme, elles transmettent la peste qui provoque des bubons, des cloques sombres, d'où le nom de peste noire.

Ça empeste !
Dans cette expression qui signifie « ça sent mauvais », on retrouve le mot peste. Au Moyen Âge, on pensait que la peste venait des mauvaises odeurs.

5 } Un Européen sur trois meurt

L'épidémie de peste est fulgurante, en particulier dans les villes. Les trois quarts des malades meurent en quelques jours. Vingt-cinq millions de personnes meurent en cinq ans. La peste est considérée comme une punition envoyée par Dieu et on cherche des coupables. Les juifs sont accusés d'empoisonner l'eau des puits. Beaucoup sont arrêtés et brûlés vifs.

Les jacqueries, des révoltes paysannes

La première grande jacquerie débute en 1358, en Île-de-France. Excédés par les famines, les guerres interminables (voir p.108), les impôts trop lourds (voir p.50), les paysans se révoltent : ils brûlent les châteaux, tuent les nobles. Ils reprochent aux seigneurs de ne plus les protéger. La répression est féroce, et les paysans sont massacrés en grand nombre.

La guerre de Cent Ans

Ce conflit entre la France et l'Angleterre dure de 1337 à 1453, c'est-à-dire en fait plus de cent ans. Mais les historiens l'appellent ainsi car les combats ont été entrecoupés de périodes de paix.

1 } Seize millions de Français

Au début de la guerre de Cent Ans, la France est la principale puissance d'Europe. C'est le pays le plus peuplé avec 16 millions d'habitants et il est en pleine croissance économique. Mais les trois fils du roi Philippe le Bel se succèdent sur le trône de France sans laisser d'héritier mâle. Et le roi d'Angleterre Édouard III, qui descend de Saint Louis, réclame la couronne de France.

2 } Cinq millions d'Anglais

La population anglaise est moins importante, mais tous les grands seigneurs du pays soutiennent leur roi, Édouard III. Il gagne d'importantes batailles à Crécy en 1346 et à Poitiers en 1356. La chevalerie française est battue par les archers anglais qui se servent d'une nouvelle arme, l'arc long, bien plus rapide que l'arbalète utilisée par les Français.

3 } La reconquête

En 1360, le traité de Brétigny donne à l'Angleterre un tiers de la France. Mais le roi Charles V, dit le Sage, se lance dans la reconquête de son royaume. Il parvient à doter la France d'une armée permanente et récupère presque toutes les terres perdues par ses prédécesseurs.

Bertrand Du Guesclin
Ce Breton, connu pour sa laideur et sa bravoure, est fait chevalier en 1354. Il prend pour devise « Le courage donne ce que la beauté refuse. » Il est le chef des armées de Charles V et remporte de nombreuses victoires contre les Anglais, en les assiégeant dans des places fortes.

4 } Une nouvelle guerre

Mais le successeur de Charles V, Charles VI, est fou. La France plonge dans la guerre civile où deux clans s'affrontent : les Armagnacs et les Bourguignons. Ces derniers s'allient aux Anglais et, en 1415, a lieu la bataille d'Azincourt, une des plus meurtrières du Moyen Âge. Cinquante mille soldats français sont défaits par 15 000 Anglais. Le roi d'Angleterre, Henri V, reprend le dessus.

5 } Un Dauphin déchu puis victorieux

Le fils de Charles VI et d'Isabeau de Bavière (voir p. 60) est déshérité par ses parents au profit d'Henri V. Le Dauphin s'apprête à renoncer au pouvoir quand survient Jeanne d'Arc qui le convainc de se battre (voir p. 109 et suivantes). Il deviendra « Charles le Victorieux », et mettra fin pour de bon à la guerre de Cent Ans.

Jeanne d'Arc, la guerrière

**En pleine guerre de Cent Ans,
Jeanne, une jeune paysanne, entend des voix :
Dieu lui confie la mission de chasser les Anglais hors de France.
Elle persuade le Dauphin Charles de lui confier une troupe.
Elle deviendra une héroïne de l'histoire de France…**

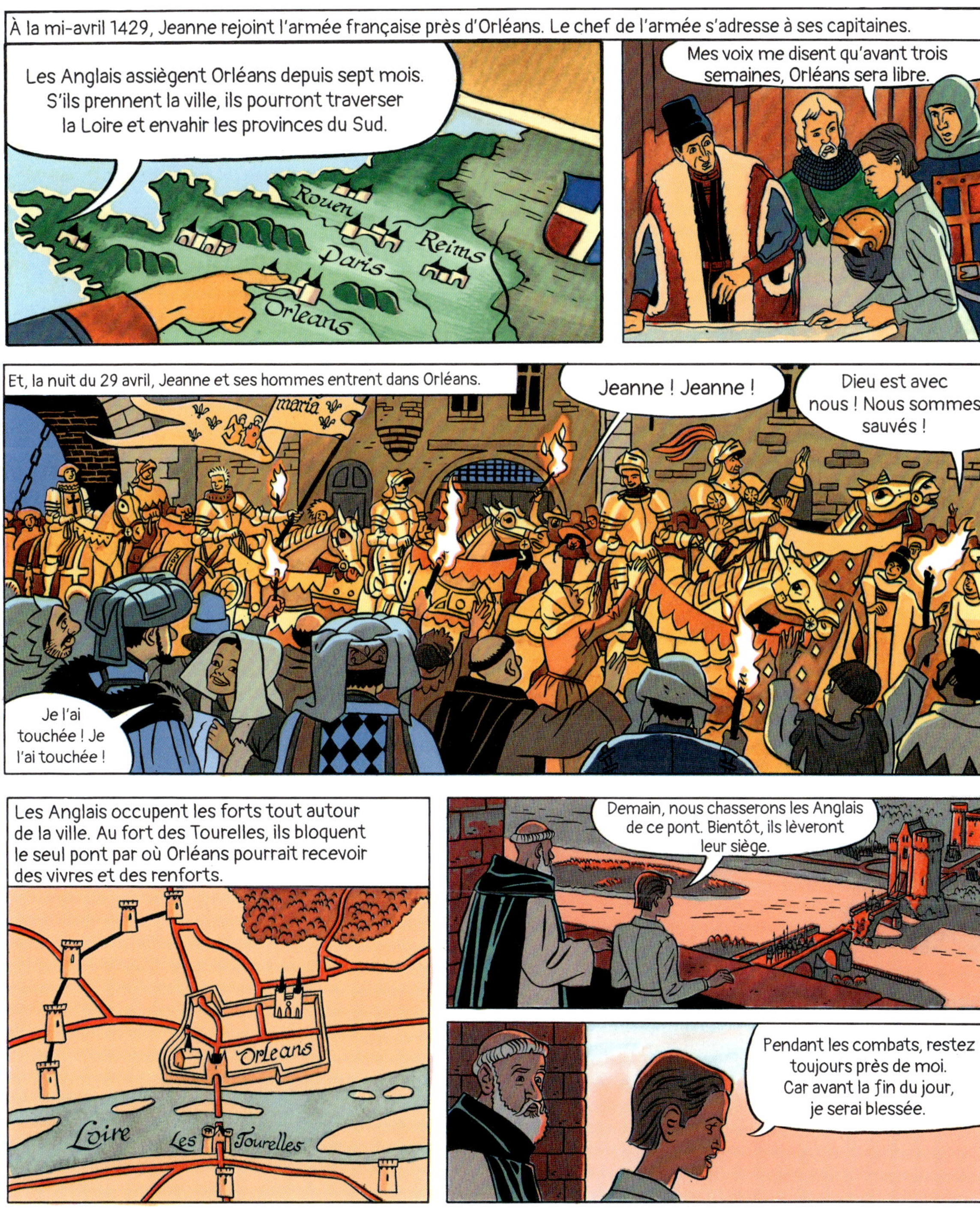

Au matin du 7 mai, les Français attaquent le fort des Tourelles.
AAAH! ...
À l'attaque ! Par ici, avec moi !
Et, vers midi...
AAAH!
C'est Jeanne !
Elle est blessée !
Jeanne, comment te sens-tu ?
Ce n'est pas grave, je repars bientôt combattre.
Non, repose-toi. Les hommes sont épuisés. Je vais faire cesser le combat.
Non, il faut attaquer encore ! C'est aujourd'hui que l'on doit vaincre !
Jeanne, attends !
Laissez-moi un instant.
Mon Dieu, prends pitié de ceux qui vont mourir !
Et, peu après...
Oh ! Regardez, elle revient !
?
Donne !

Allez ! Suivez-moi !
À L'ASSAUT !
POUR DIEU ET POUR LE ROI !
YAAH ! EN AVANT !
AAAH!
POUR JEANNE ET POUR LE ROI !
Hardi ! Compagnons !
Fuyons !
Cette fille est un démon !
VICTOIRE !
Dieu soit loué !
Nous sommes libres !
Et ce soir-là...
VICTOIRE !

* C'était au Moyen Âge un cri de joie qui saluait l'arrivée du roi dans une ville.

FIN

Une paysanne devenue cheffe de guerre

1 } Un pays en guerre

Jeanne naît à Domrémy, en Lorraine, dans une France en guerre. Ses parents sont de riches paysans. Depuis près de cent ans, Français et Anglais s'affrontent sur le sol français (voir p. 108). Le pays est dévasté par les combats, les épidémies, la famine...

2 } Les « voix » de Jeanne

Jeanne se rend souvent à l'église de son village. Un jour, elle confie à son oncle qu'elle entend des voix divines. « Elles me disent d'aller trouver le Dauphin Charles pour le faire sacrer à Reims. » Avec quelques hommes, elle se rend à Chinon où Charles est réfugié. Elle le convainc de la laisser rejoindre l'armée française près d'Orléans.

3 } Les victoires

Le 8 mai 1429, Jeanne entraîne les troupes à l'assaut et délivre Orléans, assiégée par les Anglais. À Patay, au nord d'Orléans, elle est de nouveau victorieuse. Elle persuade le Dauphin de se rendre à Reims pour y être sacré roi. Enfin, en juillet, Charles VII reçoit la couronne de France, avec Jeanne à son côté.

La Pucelle
Au Moyen Âge, le mot « pucelle » désigne une jeune fille non mariée. Jeanne est souvent surnommée la Pucelle d'Orléans.

4 } La capture

Accompagnée de 300 combattants, Jeanne se bat pour chasser les Anglais hors de France. En mai 1430, elle est capturée à Compiègne par les Bourguignons, restés fidèles aux Anglais. Emprisonnée, elle tente de s'enfuir. Mais les Bourguignons la remettent aux Anglais contre une grosse somme d'argent.

5 } Le bûcher

À Rouen, des hommes d'Église accusent Jeanne de porter des habits d'homme ce qui est interdit aux femmes. Ils l'accusent de mentir quand elle dit entendre des voix divines. Ils veulent prouver que le roi de France a été sacré par une sorcière. Le 30 mai 1431, Jeanne est brûlée vive. Charles VII envoie ses soldats mais ils arrivent trop tard.

La chasse aux sorcières

En Europe, des dizaines de milliers de femmes ont été exécutées pour sorcellerie de la fin du Moyen Âge au XVIIe siècle. La plupart sont brûlées vives. En 1326, le pape définit la sorcellerie comme un crime contre Dieu et la religion chrétienne. Ce crime est puni de mort. Dès qu'un malheur survient, on accuse une femme de sorcellerie, surtout si elle vit seule et sait préparer des remèdes. On pense que si elle connait des secrets pour guérir, elle peut aussi faire le mal.

Anne de Bretagne, deux fois reine

En 1489, Anne devient duchesse de Bretagne à l'âge de 12 ans. Son duché est très convoité par le royaume de France et Anne sera obligée d'épouser deux rois !

Le duché de Bretagne est un grand et puissant territoire dont François II est le duc. Le royaume de France a des vues sur ce duché.
Duché de Bretagne
OCÉAN ATLANTIQUE
Royaume de France
Anne est élevée par une gouvernante.
Citez-moi deux villes commerçantes en Bretagne.
Nantes et Rennes.
Ma fille aime l'histoire ainsi que le français et le latin.
Anne apprend à chanter...
... à broder...
... et à danser.
Cessons ! Je boite et cette malformation me gêne pour danser.
Anne aime aussi monter à cheval et chasser.
Jeune demoiselle, à mon signal, lâchez ce rapace.
J'espère que mon faucon va attraper un canard en vol !
En juillet 1488, les armées de François II et du roi de France s'affrontent.
Hélas, des milliers de mes soldats sont morts ! C'est une victoire pour le roi de France.
En septembre 1488, François II meurt, sans héritier mâle. Finalement, Anne hérite du duché.
Vous porterez, tous, ces vêtements en signe de deuil.

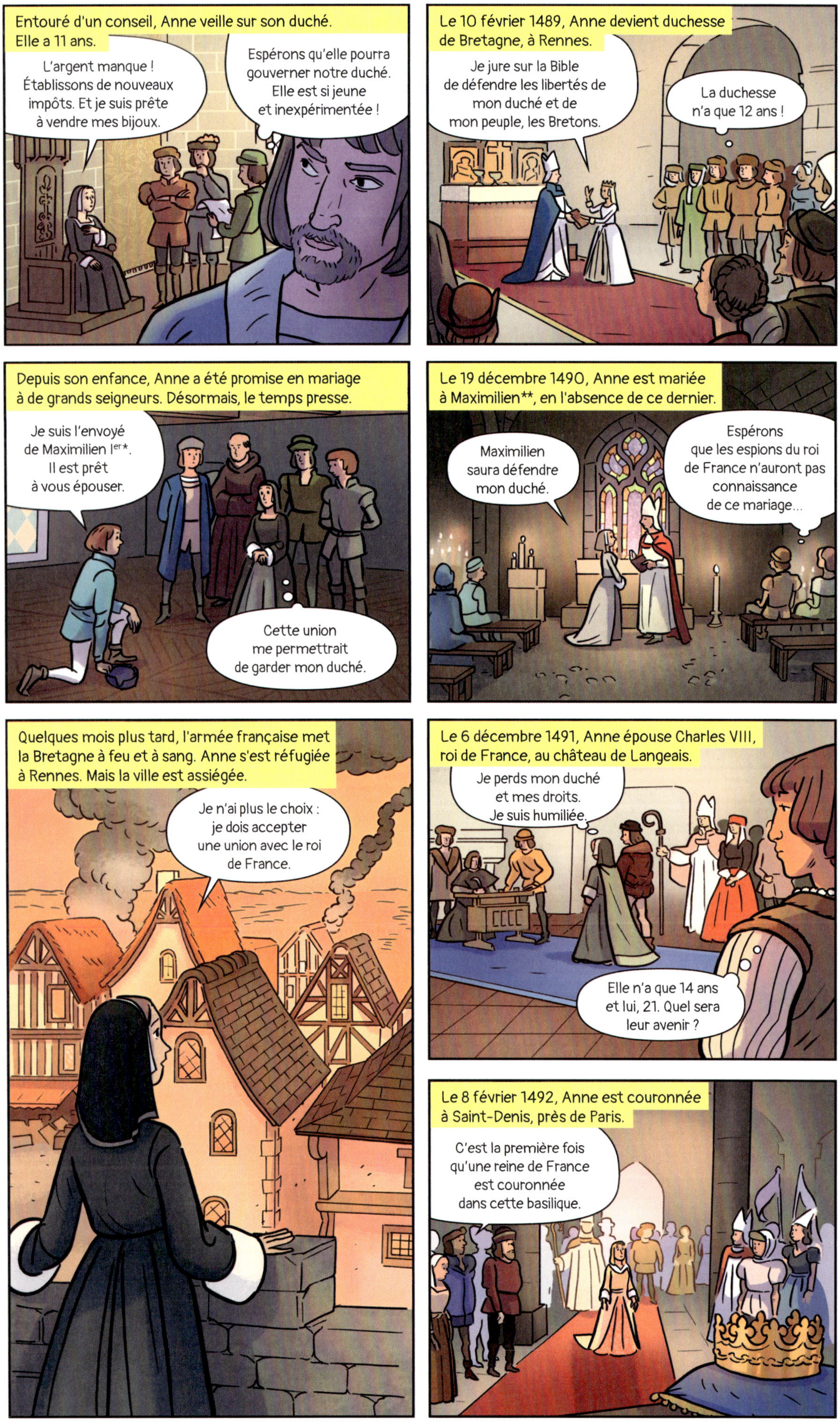

* Roi de Germanie, empereur du Saint-Empire.

** Ce mariage ne fut pas considéré comme valable, car Anne et Maximilien ne se sont jamais rencontrés.

Anne met au monde un enfant.
Quel bonheur, c'est un garçon !
Charles-Orland, vous êtes la prunelle de mes yeux.
À 18 mois, Charles-Orland est confié à une gouvernante.
Je veux que des amis bretons veillent sur lui.
Promis ! Au château d'Amboise où il grandira, il aura sa garde personnelle venue spécialement de Bretagne.
La cour est itinérante.
Veillez à emporter mes tapisseries et ma vaisselle d'or et d'argent.
À l'arrivée à Lyon, le 6 mars 1494, l'accueil est grandiose.
Vive la reine !
Mais plus tard...
J'ai une effroyable nouvelle à vous annoncer.
Mon Dieu, c'est mon fils !
Mon tout petit. Il n'avait que 3 ans. La fièvre l'a emporté !
Des années plus tard, Anne a perdu ses enfants...
Tous mes enfants sont morts les uns après les autres... Quelle douleur, mon Dieu !
Au château d'Amboise, en avril 1498, Charles VIII se cogne.
Prenez garde !

Peu après, Charles VIII décède. Anne se retrouve veuve.
Jamais aucune plainte.
Elle a beaucoup vieilli et elle n'a que 21 ans !
Anne s'occupe de son duché.
Par ce document, je nomme capitaine du château de Brest mon écuyer Gilles de Textue.
À Nantes…
Je voudrais faire édifier un tombeau pour mes parents.
Nous allons chercher les meilleurs sculpteurs.
Anne commande une monnaie d'or à son effigie.
Vous serez représentée assise sur un trône.
Très bien ! Vous ferez écrire : *Anne reine des Français par la grâce de Dieu et duchesse des Bretons.*
Cette monnaie est appelée « cadière d'Anne de Bretagne ».
Et neuf mois après la mort de Charles VIII, Anne épouse le nouveau roi de France.
Louis XII la courtisait. Les voilà mariés.
Leur contrat de mariage précise que la reine reste propriétaire de la Bretagne.
Anne et Louis XII résident au château de Blois.
Les époux ont l'air heureux.
Avant, il n'y avait que des hommes ou presque à la Cour. Anne a bousculé les coutumes.

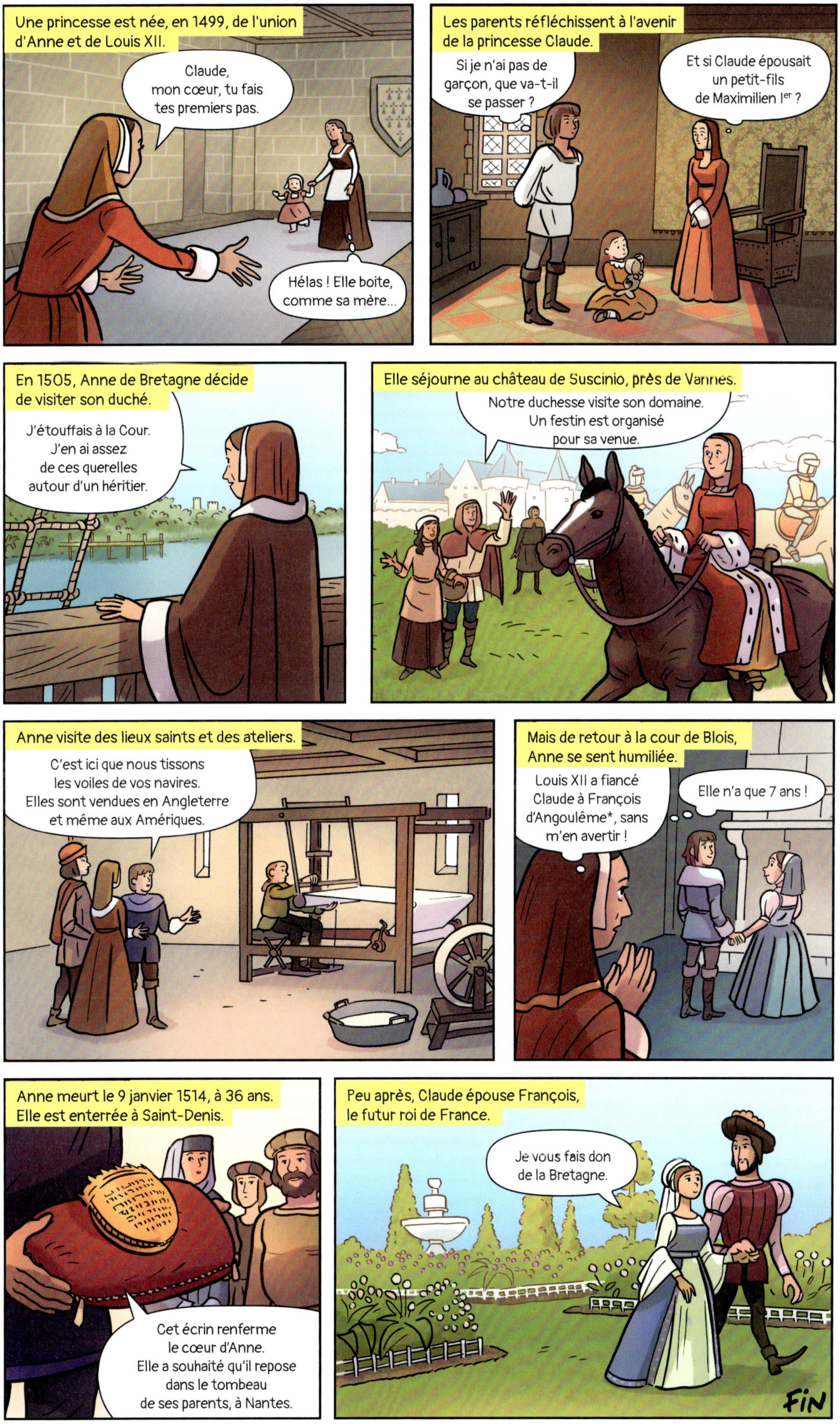

* Il deviendra roi sous le nom de François Ier.

Femmes d'exception

Voici quelques femmes remarquables qui ont laissé une trace dans l'histoire du monde.

1 } Kahena, guerrière berbère

Au VIIe siècle, en Afrique du Nord, le peuple berbère résiste face aux Arabes et Kahena prend la tête des rebelles. Elle remporte deux batailles dont celle dite « des chameaux », les Berbères tirant leurs flèches entre les jambes de leurs chameaux. Kahena règne 5 ans avant d'être faite prisonnière et décapitée.

Une cheffe viking

En Suède, les archéologues ont identifié les ossements d'une jeune femme, dans une tombe comportant des armes et deux chevaux sacrifiés. La présence de pions suggère qu'elle était une stratège.

2 } Sei Shonagon, écrivaine japonaise

Au XIe siècle, Sei Shonagon est la fille d'un savant noble. Devenue dame de compagnie de l'impératrice Teishi, elle décrit la vie à la cour de Kyoto dans le livre *Notes de chevet*. Ce mélange de poésie et d'anecdotes est considéré comme un chef-d'œuvre de la littérature mondiale.

3 } Kuthulun, princesse lutteuse

Au XIIIe siècle, Khutulun est une descendante de Gengis Khan, fondateur de l'Empire mongol. Elle est la fille préférée de l'empereur Qaïdu et l'accompagne dans ses campagnes militaires. Marco Polo la décrit comme une guerrière redoutable. Elle défie à la lutte ceux qui veulent l'épouser et demande 100 chevaux au prétendant qui échoue à la battre.

4 } Catherine de Sienne, religieuse diplomate

Née en Toscane dans un milieu modeste, elle décide à 6 ans de devenir religieuse. Accueillie chez les sœurs dominicaines, elle prône la charité envers les pauvres et les malades dans une Europe frappée par la peste noire (voir p. 107). Elle rencontre le pape Grégoire XI et le convainc de quitter Avignon pour revenir à Rome. Elle est canonisée au XVe siècle.

5 } Christine de Pizan, autrice professionnelle

Née à Venise en 1364, elle est élevée à la cour de France et reçoit une solide éducation en grec, latin, histoire, philosophie. Veuve à 26 ans et mère de 3 enfants, elle choisit de ne pas se remarier et gagne sa vie en écrivant de la poésie et des traités de philosophie. Ses livres défendent les qualités des femmes et critiquent la misogynie de la société.

Christine de Pizan écrit à la plume un de ses livres.

Avant l'imprimerie...

À cette époque, l'imprimerie n'existe pas. Un livre est recopié à la main et cela coûte cher. Pour attirer l'attention des personnes riches qui auront les moyens de faire recopier ses textes, Christine de Pizan élabore un manuscrit avec des enluminures, c'est-à-dire de belles images et des décorations. Elle publie ainsi entre 40 et 50 livres.

La fin du Moyen Âge

Au XVe siècle, de grands changements bouleversent l'Europe. Plusieurs découvertes marquent la fin du Moyen Âge et le début de la Renaissance.

1 } L'invention de l'imprimerie

Au Moyen Âge, les livres sont rares car ils sont recopiés à la main un à un. En 1440, l'Allemand Johannes Gutenberg perfectionne l'imprimerie. En pressant des feuilles de papier sur des lettres enduites d'encre, il reproduit une page en plusieurs exemplaires. Les premiers livres sont des bibles et des textes d'auteurs antiques. Leur succès est énorme. Les bourgeois (voir p. 79) achètent beaucoup de livres pour étudier par eux-mêmes.

2 } La découverte de l'Amérique

Les Européens rêvent de découvrir des terres inconnues. En 1492, l'Italien Christophe Colomb veut rejoindre les Indes en passant par l'océan Atlantique. Il part d'Espagne avec trois bateaux capables de naviguer en haute mer. Le 12 octobre 1492, il croit arriver aux Indes mais il débarque aux Antilles. Il nomme « Indiens » les habitants du lieu. L'exploration du Nouveau Monde commence.

Amérique vient d'Amerigo

Le navigateur Amerigo Vespucci est le premier à comprendre que Colomb a découvert un continent. En son honneur, un cartographe appelle cette terre « America ». Avant Colomb, d'autres Européens avaient atteint l'Amérique : les Vikings (voir p. 23).

3 } Le premier tour du monde

Fernand de Magellan est un marin portugais qui, comme Colomb, veut atteindre les Indes. En 1519, il part d'Espagne avec cinq navires. Il contourne l'Amérique par le sud et parvient dans l'océan Pacifique. Magellan est tué aux îles Philippines. En 1522, un seul bateau de l'expédition regagne l'Espagne. Mais le premier tour du monde est bouclé.

4 } Ça veut dire quoi « la Renaissance » ?

Après le Moyen Âge, c'est la Renaissance. Un historien la définit comme « la grande marche en avant de l'Europe aux XVe et XVIe siècles ». C'est une période de paix où les gens vivent mieux, où les sciences se développent, où les échanges commerciaux se multiplient, où les artistes prennent de plus en plus d'importance dans la société.

Léonard de Vinci

Le peintre le plus connu de la Renaissance était aussi sculpteur, inventeur, ingénieur militaire… À la fin de sa vie, il vient en France à l'invitation de François Ier. C'est pour cela que *La Joconde*, son tableau le plus célèbre, se trouve en France.

Et ailleurs ?

L'arrivée des Européens en Amérique va anéantir des civilisations qui vivaient sur ce continent depuis longtemps. Les Aztèques au Mexique et les Incas en Amérique du Sud ne résisteront pas aux armes et aux maladies venues d'Europe.

Repères

Ailleurs dans le monde

Ces grands personnages ont marqué leur temps, entre le VIe et le XVe siècle…

Isabelle Ire de Castille,

XVe siècle

Cette reine d'Espagne finance l'expédition de Christophe Colomb qui débarque en Amérique.

Leif Erikson,

Xe siècle

Ce chef viking atteint les rivages de l'Amérique vers l'an 1000. On a retrouvé des ruines de maisons vikings à Terre-Neuve.

Mansa Moussa,

XIVe siècle

Il règne sur l'empire du Mali. Il est très riche, car il y a beaucoup d'or sur son territoire.

Pakal,

VIIe siècle

Ce roi règne sur la cité-État maya de Palenque. Les Mayas bâtissent de hautes pyramides. Ils sont bons astronomes et mathématiciens.

Pachacútec,

XVe siècle

Ce chef inca réunit en un seul empire les royaumes de la cordillère des Andes. Sa capitale est Cuzco.

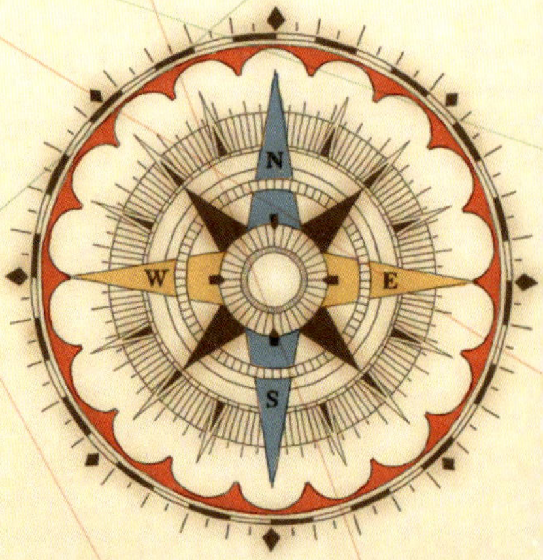

François d'Assise,

XIIIe siècle

Né en Italie dans une famille riche, ce religieux décide de vivre dans la pauvreté. François fonde l'ordre des Franciscains.

Gengis Khan,

XIIIe siècle

Ce redoutable guerrier mongol conquiert la Sibérie, la Chine... Son empire fut le plus grand du monde, avec 33 millions de km².

Théodora,

VIe siècle

Elle influence son époux Justinien, empereur romain d'Orient, pour améliorer le sort des femmes.

Ibn Sina,

XIe siècle

Ce médecin perse écrit un livre qui rassemble tout le savoir médical et chirurgical de son temps.

Kubilaï Khan,

XIIIe siècle

Petit-fils de Gengis Khan, cet empereur accueille Marco Polo dont le récit fait découvrir la Chine du Moyen Âge.

Mahomet,

VIIe siècle

Il fonde l'islam, la religion des musulmans. La Mecque devient la ville sainte de l'islam. Au XIe siècle, le monde musulman s'étend de l'Espagne à l'Orient.

Repères

La France du Moyen Âge

Le royaume franc

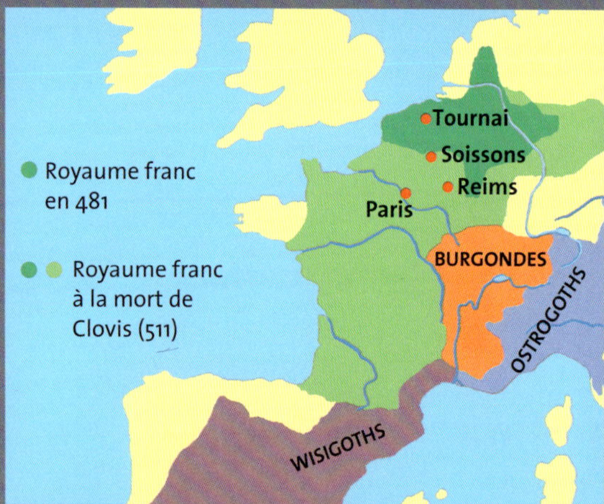

L'empire de Charlemagne

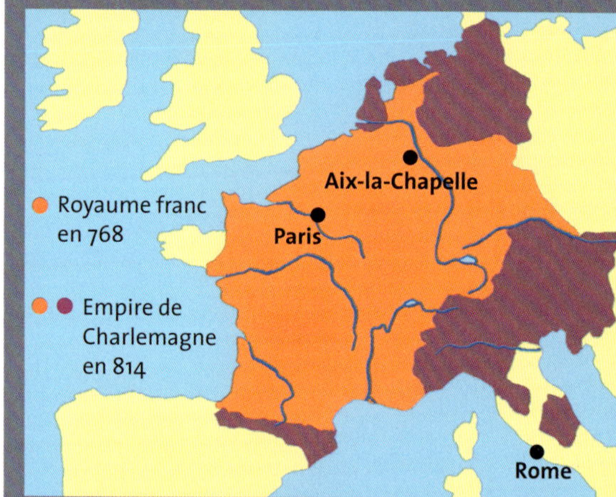

843 : l'empire est divisé

Le royaume au XIIe siècle

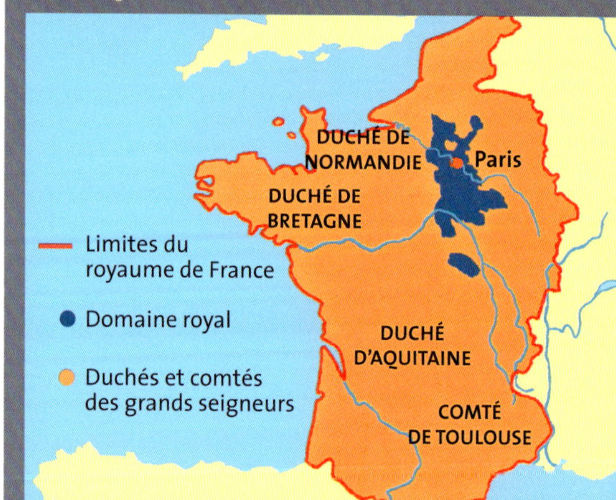

Le royaume au XIIIe siècle

Le royaume en 1429

Index des personnages

Cet ouvrage a été écrit par Pascale Bouchié avec la collaboration de Stéphane Bataillon, Anne-Laure Fournier-Le Ray, Catherine Loizeau et Marie-Christine Roques.

Les illustrations et les cartes des pages documentaires ont été réalisées par **Béatrice Veillon.**

Illustration de couverture : **Alexandre Franc** pour la nouvelle édition.

Bandes dessinées
Clovis, le roi des Francs Scénario : Catherine Loizeau ; Dessin : Benjamin Strickler.
À la cour de Charlemagne Scénario : Marie-Christine Roques ; Dessin : Catherine Chion.
La saga d'Erik le Rouge Scénario : Catherine Loizeau ; Dessin : Alain Grand.
Guillaume le Conquérant Scénario : Catherine Loizeau ; Dessin : Didier Garguilo.
La légende du roi Arthur Scénario : Pascale Bouchié ; Dessin : Nicolas Wintz.
En route pour Jérusalem Scénario : Catherine Loizeau ; Dessin : Daniel Balage.
Une journée au moulin Scénario : Pascale Bouchié ; Dessin : Aude Soleilhac.
Aliénor d'Aquitaine, reine de France puis d'Angleterre Scénario : Pascale Bouchié ; Dessin : Alban Marilleau.
Odilon, l'enfant moine Scénario : Pascale Bouchié ; Dessin : Didier Éberlé.
Hildegarde de Bingen et le secret des plantes Scénario : Virginie Roussel ; Dessin : Olivier Perret.
Les bâtisseurs de cathédrales Scénario : Stéphane Bataillon ; Dessin : Loïc Derrien.
La vie des enfants nobles Scénario : Catherine Loizeau ; Dessin : Ginette Hoffman.
Louis IX, un grand roi chrétien Scénario et dessin : Marie-Noëlle Pichard.
À l'attaque du château fort ! Scénario : Anne-Laure Fournier-Le Ray ; Dessin : Patrick Deubelbeiss.
Marco Polo découvre la Perse Scénario : Catherine Loizeau ; Dessin : Didier Eberlé.
Jeanne d'Arc, la guerrière Scénario : Jean-Louis Fonteneau ; Dessin : Étienne Jung.
Anne de Bretagne, deux fois reine Scénario : Catherine Loizeau ; Dessin : Samuel Cochetel.

Grandes illustrations
Les grandes dynasties Texte : Catherine Loizeau ; Dessin : Saehan Park.
En lice pour jouter ! Texte : Catherine Loizeau ; Dessin : Michaël Welply.
L'énergie des muscles Texte : Nathalie Tordjman ; Dessin : Axel Renaux.
Margot, fille de drapier Texte : Catherine Loizeau ; Dessin : Philippe Munch.
À l'abri derrière les remparts Texte : Catherine Loizeau et Pascale Bouchié ; Dessin : Zac Deloupy.
Ailleurs dans le monde Texte : Catherine Loizeau et Pascale Bouchié ; Dessin : Alain Boyer.

Crédits photographiques
b = bas ; h = haut ; g = gauche ; d = droite ; m = milieu

Agence Shutterstock.com : p.15 : Sergey Goryachef ; p.16 : Neftali ; p.37 : Christopher MacDonald ; p.42 : Andrey_Kuzmin ; p.43 (m) : Toniflap ; p.43 (b) : Mindscape studio ; p.51 (b) : mlorenz ; p.51 (d) : Pack-Shot.

Agence Fotolia.com : p.61 : ChiaraFornasari ; p.73 : Demarfa ; p.78 (b) : Wjarek ; p.108 : Thomas Pajot ; p.113 : Marco Desscouleurs.

BNF : p.99.

Wikimédia Commons, domaine public : p.37 (b) Evrard d'Espinques ; p.91 (m) Bibliothèque nationale de France, (b) Zinneke, CC BY-SA 3.0 ; p.96 (g) Pline, CC BY-SA 3.0, (d) Jebulon, CC0 ; p.97 (g) Eva L, CC BY-SA 3.0, (d) photography by Christophe.Finot, CC BY-SA 3.0 ; p.100 (b) Yahya ibn Mahmud al-Wasiti ; p.120 Louis Petit de Julleville ; p.122 anonyme ; p.123 Basilica of San Vitale, CC BY-SA 4.0.

Domaine public : p.23, 29, 41, 50, 78 (m), 85, 121.

L'éditeur remercie Patricia Legris, maître de conférences en histoire contemporaine à l'université de Rennes-2, pour sa relecture attentive, ainsi que Telma Breul pour son aide précieuse.
Merci aux auteurs et aux illustrateurs des bandes dessinées d'avoir permis la réalisation de cet ouvrage.